JENNY

Denken, Behaupten, Großtun.

edition: 'ʌngewʌndtə

Herausgegeben
von Gerald Bast, Rektor

**Buchreihe der Universität für
angewandte Kunst Wien**

Ausgabe 02

JENNY

Denken, Behaupten, Großtun.

Johanna Kliem,
Norbert Kröll,
Rick Reuther,
Lena Ures,
Johanna Wieser
(Hg.)

DE GRUYTER

Ferdinand Schmatz

Nach das Wort vor.

Nichts kommt aus nichts.

Etwas liegt vor, wird aufgefunden, ergriffen, verändert.
Im Leben. Im Alltag. In der Wissenschaft. In der Kunst. In der
Dichtung:

„Um ein Gedicht zu beginnen, habe ich alles."
„Um ein Gedicht zu beginnen, habe ich nichts."

Dazwischen, zwischen diesen beiden Aussagen Ernst Jandls, zwischen
Alles und Nichts, dort liegt's.

Was? Das:
Im Schreiben, in der Dichtung, liegt das, was dieses Schreiben, die
Dichtung, konstituiert, vor – in der Sprache, im Bild, im Ton, im
Klang. Aber:
Es liegt nicht fest. Nein, es bewegt sich.

Über dieses Bewegen – das Bewegende und Bewegte – denkt die Dichtung nicht nur nach, sie führt dieses Denken vor, stellt es dar, und
das, was dieses bestimmt – selbst- und vor allem fremdbestimmt.
So wird Dichtung zur Praxis, zur Handlung aus Laut und Buchstabe,
zur Evokation der Schrift, eine Stimme aus Stimmen, die in der Schrift
sich organisiert und formuliert.

Dies:
Zeitlich.
Räumlich.
Also: Im Feld des Sozialen, des Ökonomischen, des Ästhetischen –
historisch wie gegenwärtig.

Im Inneren der Dichtenden geht das zu Bewegende los, aus den über-
lieferten und gegebenen Gedanken und Materialien – und:

aus den Wort- und Denkräumen anderer geht es los. Aus den von
anderen erdachten, ausgesprochenen und vorgelegten Inhalten und
Formen.

In der Hervorbringung von Dichtung wandern diese Inhalte und Formen durch uns Dichtende hindurch. Wir haben zu schreiben und
zu sprechen, was durch uns schreibt und spricht. Wir reflektieren diese
Prozesse und bringen sie als das Andere hervor. In seinen Poten-
tialen berührt dieses Andere existenziell umfassende Bereiche des
Schreibens von Welten:
den Körper, aus dem es tritt, der es wiegt, hortet, zurückstößt, rhyth-
misiert allemal;
den Geist, den Gedächtnisspeicher aus Wort- und Zeichenmaterial,
das diesen individuellen Rhythmen folgt, die es neu zu lenken verstehen. Damit vor allem wir uns neu oder überhaupt erst einmal verstehen: in jenem Feld, in dem unsere Körper und unsere Zeichen
und unsere Sprachen stehen, liegen, leben, ja, leben müssen.

Etwas in diesem Feld liegt vor. Etwas stimmt. Und: Etwas stimmt
nicht.
In uns. Außerhalb von uns.
Immigration. Migration.
Weg mit den vorgegebenen und oktroyierten Sachverhalten ökonomi-
scher, sozialer und ästhetischer Art, diesem Was, Was, Was!
Damit das Wie und das Was sich die Waage halten, wird das Wie zur
treibenden Kraft, die das Was verändert, verwandelt, transformiert.
Und umgekehrt. Das Was verändert das Wie.

Weil es sich bewegt.
Zwischen Alles und Nichts.
Zwischen Überlieferung und Verfestigung, die aufgelöst werden soll,
sich verflüssigen soll.

– das, was aufgegriffen wird, ist nicht nur dazu da, einen Bezug her-
zustellen. Es wird bewusst aufgegriffen.
Im Fall der Dichtung ist dieses Aufgreifen kein Auflesen, sondern ein
Einlesen, ein Einschleusen.

Geistig wie sinnlich.
Ästhetisch wie sozial.
Gier. Hass. Hässliches. Lust.

Nichts Neues an sich entsteht, was wäre das – nichts kommt aus nichts,
also:

Was entsteht, ist der Dialog, der schroff oder behutsam gesetzt ein-
geleitet und ausgeführt werden kann:
ein Steg, eine Hängebrücke oder eine Stahl- oder Betonkonstruktion
oder ein leerer Fleck.

Allemal Austausch. Staunen. Rausch. Gelassenheit.
Wir schreiben weiter, weich und hart, federnd und fest, aber wohin,
das bestimmen wir, zumindest mit, und wenn es offen bleiben sollte:

Es kommt etwas zutage, bringt sich selbst hervor.
Poiesis heißt: Hervorbringen, Machen, Tun.

In der Dichtung gemacht durch ein Wort, innen wie draußen, oder
durch einen Buchstaben, innen wie draußen, oder durch ein Bild, innen wie draußen, oder durch einen Sausen im Kopf, oder durch einen Rhythmus der Stadt, des Baumes, – durch eine geistige oder körper-
liche Repräsentation von etwas, das noch nicht klar ist als Begriff,
als Bild oder als Wort aus Wörtern, als Satz oder als Absatz oder als Text,
der zumindest versucht, sich Klarheit zu verschaffen, auch wenn
es Vernebelung sein muss.

Das Tier als Herde.

Kurz: also etwas mit einem prompt gesetzten Anfang, aber mit einem
langen offenen Ende.

JENNY!*
Ihre Autorinnen und Autoren versuchen das.

Leset!

* „Eine Dichtung soll wie ein Gemälde sein", und der Dichter „Nützliches und Süßes mischen", den „Leser ergötzen und gleichermaßen belehren" – das fordert Horaz' De arte poetica:

Geht die JENNY diesen poetologischen Vorsprüchen nach? Legt sie Stoffe vor, die sie, wie Horaz fordert, „bewältigen" kann, und legt sie nicht „Unbekanntes und Ungesagtes", das der Geschlossenheit und Einheitlichkeit, Horaz' stärkstem Anspruch an das dichterische Werk, zuwider laufen könnte, als erste [sic] vor?

Nun, die JENNY kann und will kein Werk des Geschlossenen sein, wohl hat sie Anfang und Ende, aber selbst dieses ist grafisch bearbeitet, bietet Überraschendes und Unerwartetes, Wendungen, Verweise, eine Freude der Irritation, die schön ist, und funktional.

Das erfreut und kann von Nutzen sein, Horaz wird sich freuen, dennoch schreiben wir heute, und die Autorinnen und Autoren der JENNY sind gegenwärtig. Die Gegenwart ist nichts ohne Tradition. Sie hat Vorgegebenes, das aufgegriffen, aber auch über Bord des Zeitschiffes geworfen werden kann. Beides, Fortführung und Bruch, geht hier vor, zeigt sich, und kommt damit einem wesentlichen Zug der Sprachkunst nach, nämlich dem, zu agieren, zu interagieren, besser zu transformieren und sich auf den Weg zu machen, das eigene Medium, das der Sprache, mit anderen – denen des Bildes, des Tones, des Zeichens und des Körpers – zu konfrontieren, zur Berührung zu bringen, in Vereinigung, Brechung oder Spursetzung.

Da ist die JENNY dran. Das ist keine Werbung, sondern eine Art Diagnose, die aus der Lektüre kommt.

Nachwort, Zitat:
„Der Begriff planetare Migration bezeichnet die Bahnänderung eines Planeten während der Entstehung eines Planetensystems um einen Zentralstern. Da es sich um ein theoretisches Modell handelt, gibt es allerdings keine einheitliche Definition…"

Es war
heiß,
aber
ich war
nicht
schuld.

LYRIK

VON FLIEHKRÄFTEN LÄSST SICH ANDERNORTS BERICHTEN

Malte Abraham und Bastian Schneider

UNITED STASI OF AMERICA BLUES

Frank Ruf

Malte Abraham und Bastian Schneider

von fliehkräften lässt sich andernorts berichten

(Gegenübersetzungen)

sie sitzen eng auf dem Stuhl, in unsagbarem
Regen: von Zugvögeln läßt sich nirgends
schwelgen. sie drücken ungern Steine weg
und diese Stahltruhe dort, ein klares Meer
gegen Mond

wenn's klappt, steht ein Männlein im
Walde *down by law*. schneidet Grimassen.
die Rezeption läßt auf sich warten, eine
Kaugummilänge lang.

da hält man drauf.

der wechselkurs von smog
in smoke wir lüften
rücken an raufaser
heizen unsere lungen
back to back
weißt du wie man rhythmus schreibt
nikotin oder das geräusch von regen
ein geruch wir beide
auf anfang
von hier noch mal mit ton

Verwechslung ausgeschlossen
als ob gut undoder *gay*
das zeitigt die Währung

ein Rauchfang im Gleichstrom
der fällt aus dem Tag
undoder Takt

das bergen die Straßen
Geschrei an den Wänden
immer noch „Neger raus"

undoder korrekt
ein Abfuck am Ende
verstummt Politik

gott ist längst eine lokale größe geworden
ein phasengleichgewicht sozusagen

eine bewegung gegen null
du vertreibst die luft
zwischen deinen händen
mit einem gebet &

morgen früh wenn ich will
wirst du wieder geleckt

bitte vorher die schuhe ausziehen

barfuß im Beichtstuhl wieg ich
deine Scham. mein Schaft
betet gen Abend gut' Nacht
wenn die Schlaflieder schlafen.

auf allen Vieren, Aphatische du.
das pornt mich ganz an, das mit Gott
und wenn Kinder uns zuschaun

ein Rosenkranz, ein Bondageunser
sag, ist dir nicht kalt?

Ich könnt hier echt leben. Ich würd die Sprache lernen und alles. Es gefällt mir.

Frank Ruf

United Stasi of America Blues

(Auszug aus dem zwölfteiligen Zyklus)

United Stasi of America Blues III

trompetenfische tröten

weil die tintenfische
zwar zwei nieren und ein herz und ein hörgerät haben

aber keine schneekanone mehr:
um die nebelwand aufrecht zu erhalten

die den lustigen menschen auf wasserski
ja immer einen mordsurlaub verspricht

und so so viele fotos fürs private album

United Stasi of America Blues V
trompetenfische tröten

weil die tintenfische nicht nur
die klügsten weichtiere sind

sondern auch die schönsten:
obwohl ihnen ein spiegel fehlt

gewinnen sie jeden beauty-contest
der meeres- und wolkensäuger

mit ihren todschicken glasfaserwesten
vollbestickt mit angelhaken und hackeraugen

United Stasi of America Blues VI

trompetenfische tröten

weil die tintenfische beim spielen mit unterseekabeln
unsere serienhelden zerhäckselt haben:

nun treiben blutverschmiert
deren fluken und flossen und
funkverbindungen umher –

diesen horrorfilm
kann sich jedes fossil
jetzt umsonst reinziehen

United Stasi of America Blues VIII
trompetenfische tröten

weil in der tintenfischzentrale
der blues geräuschlos gespielt wird:

besoffen schlafen die haie am klavier
befreundete bands wischen die bühne

und nur ein outgesourceter IT-seeigel singt
vom polizeigriff neuer polypen

PROSA

BOEDINGERS UNIVERSUM
Sebastian Weirauch

UND WAS AM ENDE BLEIBT
Iris Gassenbauer

NUR VOM SEHEN
Marc Oliver Rühle

HOMMAGE AN NIEDERBAYERN
Luise Maier

Sebastian Weirauch

Boedingers Universum

Seine Kollegen nannten Thorsten Boedinger „Schnitzel", weil er aus Deutschland kam und die Angewohnheit besaß, alles auf gelben, haftenden Papierschnitzeln, auf *strimlat papper*, wie man das hier nannte, zu notieren. Schnitzel verzeichnete auf den Zetteln, die er an den Wänden seines Büros anzubringen pflegte, jede noch zu erledigende Besorgung, jeden Termin, jede anstehende Reparatur und jede Telefonnummer.

Seit seine Frau, die gemeinsam mit ihm von Deutschland nach Schweden gezogen war, Boedinger im Frühjahr verlassen hatte, betrat er das Urkundenarchiv in Uppsala stets nach vierzehn Uhr. Zumeist arbeitete er dann bis in den späten Abend, und während die Zeiger der Plastikuhr über seiner Bürotüre sich der letzten Stunde des Tages unaufhörlich näherten, verschwamm Schnitzels Gesicht allmählich im ozeanischen Glimmen des Flachbildschirms auf seinem Schreibtisch.

Immer häufiger klopfte der Sicherheitsmann des Hauses zu später Stunde an die Bürotüre, in dem Glauben, das Licht, das unter ihr hindurch bis in den Flur fiel, müsse auf einen Einbrecher hindeuten. Schnitzel räusperte sich dann, doch es war das einzige Zeichen, das er von seiner Anwesenheit zu geben bereit war. Schließlich konnte er es sich leisten, die Verwarnungen der Sicherheitsleute zu ignorieren. Denn Schnitzel hatte ALEPH entwickelt, das die Effizienz der übrigen Mitarbeiter des Archivs um mehr als neunzig Prozent gesteigert hatte, und nur Schnitzel allein begriff das Suchprogramm ALEPH gänzlich. ALEPH lieferte zu jedem eingegebenen Suchbegriff garantiert das entsprechende Resultat.

Die Anzeichen für Boedingers einsetzenden geistigen Verfall waren für jedermann sichtbar: In dicker werdenden Schichten bedeckten die Haftnotizen alle Wände seines kleinen Büros. Bald waren zusätzliche Klebestreifen nötig, damit der Belag aus Papierschnitzeln sich nicht von den Wänden abschälte und Boedinger oder einen seiner immer seltener auftauchenden Kollegen unter sich begrub.

Auch der Inhalt der Zettel veränderte sich im Vergleich zu früher. Dokumentierten Boedingers Notizen zunächst noch konkrete Vorhaben, wahrzunehmende Termine oder eilig festgehaltene Assoziationen – wie etwa: *15.30 Uhr Anwalt*, *Lampe vergessen* oder *Katzenstreu kaufen* –, so enthielten sie bald lediglich Zahlenkombinationen und Aneinanderreihungen von Satz- und Sonderzeichen:

$$}-----}///\$$$
$$/\%''''''''''\,-$$
$$^{3}!$$
$$`$$

An einem Mittwoch im Oktober, an dem sich alle Mitarbeiter auf ausdrücklichen Wunsch von Herrn Vergusson, dem Chefarchivar, im Aufenthaltsraum des Archivs versammelt hatten, um sich gemeinsam ein Fußballspiel anzusehen, begann Schnitzel nach dem Startschuss mit einem Bleistift hektisch Tabellen auf seine Zettel zu zeichnen, die entfernt an Spinnennetze erinnerten. Mit ihrer Hilfe hielt er nicht nur die Zwischenergebnisse der Partie Helsingsborgs IF vs. Malmö FF fest, sondern ebenso die Namen der Spieler, ihre jeweiligen Ballberührungen, ihre

Herkunftsländer wie auch die Herkunftsländer der Schiedsrichter, Balljungen, Fernsehkommentatoren und auch der Kameramänner. Einige seiner Kollegen warfen ihm verwunderte Blicke zu, doch Herr Vergusson lobte mit mildem Lächeln Schnitzels Enthusiasmus für den Sport.

Die gewachsene Informationsmenge auf seinen Notizzetteln verlangte bald nach einem höheren Grad an Differenzierung, weswegen Schnitzel fortan alle Eintragungen mit sieben bunten Filzstiften vornahm, und zwar in den Farben: Staubgrau, Reinorange, Braunoliv, Hellrosa, Taubenblau, Ginstergelb und Flaschengrün.

Besuche in seinem Büro empfing Schnitzel nur noch nach vorheriger Anmeldung, was für seine Kollegen bedeutete, sich selbst in Form eines Zettels anzulegen, um diesen dann in einem eigens dafür außen an Boedingers Bürotür angebrachten Zettelkasten abzulegen. Schnitzel bestand auf diese Prozedur, weiterhin hielt er sich für unangreifbar. Denn er hatte ja schließlich ALEPH entwickelt, das die Effizienz der übrigen Mitarbeiter des Archivs um mehr als neunzig Prozent gesteigert hatte, und nur Schnitzel allein begriff das Suchprogramm ALEPH gänzlich. ALEPH lieferte unter Garantie zu jedem eingegebenen Suchbegriff das entsprechende Resultat.

Zu Schnitzels Zetteln gesellten sich fortan zugehörige Gruppen von Nebenzetteln, auf denen Unterkategorien spezifischer Begriffe vermerkt waren. Der Zettel für die Farbe Blau beispielsweise verwies auf: Den Nachrichtensprecher mit der blauen Krawatte, Blaumilch, blau beschriebene Urkunden, blaue Strümpfe, den Pazifik auf Reisebürobroschüren und Blausäure. Hierüber erlitt Schnitzel seinen ersten Tobsuchtsanfall, als ein Postbote ihn auf einen Fehler in ALEPH aufmerksam machte; schließlich sei Blausäure, anders als man gemeinhin denke, nicht etwa blau, sondern farblos, weswegen eine Referenz beider Begriffe ein Ding der Unmöglichkeit darstelle.

Aber Boedingers Zettel gehorchten längst nicht mehr den Gesetzen einer wie auch immer gearteten Logik, sondern unterwarfen sich jetzt den Gesetzmäßigkeiten wildwachsender Zellen. Sie vermehrten sich exponentiell und siedelten sich auf allen freien Flächen an wie Korallen auf den Rümpfen von Containerschiffen: Auf den Unterseiten von Schreibtischplatten, auf dem blank polierten Glas von Blumenvasen, auf Büchern und in Manteltaschen. Farbig gescheckt wucherte ein Notizzettelteppich sogar an der Außenfassade des Archivs.

Diese erneute Optimierung von ALEPH stellte in Schnitzels Augen den finalen Schritt zur Archivierung des gesamten Universums dar und hatte zur Folge, dass nur noch er allein ALEPH bedienen konnte. Der Archivbetrieb wurde praktisch lahmgelegt. Resultate von Suchanfragen nach dem Jahr 1999 etwa wurden nun auf einer Benutzeroberfläche visualisiert, die an den U-Bahn-Fahrplan Shanghais erinnerte. Neben allen in jenem Jahr zugelassenen Autokennzeichen, den jeweils neu errechneten Koordinaten von Beteigeuze und einigen Codefolgen des menschlichen Genoms verzeichneten die Tabellen auch alle literarischen Werke, deren Handlung in diesem Zeitraum angesiedelt war, und außerdem die Ernennung des Fischotters zum Tier des Jahres 1999.

Herr Vergusson, der seinen Mitarbeiter auch nach der Optimierung von ALEPH noch unterstützt hatte, fasste den Entschluss zu Schnitzels Entlassung, als er nach einem längeren Nickerchen an seinem Schreibtisch erwachte und jeden Gegenstand in seinem Büro mit kleinen Zetteln versehen vorfand. Auf dem Schreibtisch haftete ein Zettel mit der Aufschrift: *Schreibtisch*. Die Zettel am Gummibaum teilten sich auf in die Unterkategorien: *Gummibaum (Blatt 1)*, *Gummibaum (Blatt 2)* usw. Und auf Herrn Vergussons Stirn stand jetzt für jeden gut lesbar: *Herr Vergusson (Stirn)*.

Außer Stande, die Nummer von Schnitzels Anschluss auf der von Zetteln verklebten Tastatur seines Telefons zu wählen, teilte Herr Vergusson Thorsten Schnitzel Boedinger persönlich seine Entlassung mit. Dieser jedoch entgegnete Herrn Vergusson, dass er, Schnitzel, ALEPH entwickelt, und somit die Effizienz der übrigen Mitarbeiter um mehr als neunzig Prozent gesteigert habe, und dass nur er allein ALEPH gänzlich begreife. ALEPH liefere schließlich zu jedem eingegebenen Suchbegriff das entsprechende Resultat.

Doch Boedinger, der mittlerweile zu der Überzeugung gelangt war, dass Gedanken, Lebewesen oder Dinge, die nicht auf seinen Zetteln vermerkt waren, überhaupt nicht existierten, musste nun versuchen, alle zu ALEPH gehörenden Zettel einzusammeln, bevor er seinen Arbeitsplatz verlassen dürfte. Doch nicht jedes der von Schnitzel markierten Dinge befand sich noch an jenem Ort, den ALEPH ihm zugewiesen hatte. Eine der Fliegen, die Schnitzel mit der Aufschrift *Fliege 37* versehen hatte, blieb unauffindbar. Es bedurfte einer mehrstündigen Suche, bis Schnitzel die *Fliege 37* dabei erwischte, wie sie über den Rahmen eines der unglücklicherweise offenstehenden Dachfenster im Obergeschoss krabbelte. Sofort rief er ihr zu, sie solle sich nicht bewegen, denn er sei Schnitzel, er habe ALEPH entwickelt, und damit die Effizienz der übrigen Mitarbeiter um mehr als neunzig Prozent gesteigert, und auch vergaß er nicht zu erwähnen, dass ALEPH zu jedem eingegebenen Suchbegriff das entsprechende Resultat liefere. Die *Fliege 37* aber zeigte sich von diesen Auskünften mehr als unbeeindruckt; bevor Schnitzel sie einfach so einfangen würde, zog sie lieber ihren Rüssel ein, um in der nächsten Sekunde durch den Fensterspalt ins Freie zu entschwirren.

Durch den Verlust dieses tragenden Zettels brach Schnitzels System auf der Stelle zusammen. Nun, da es den Punkt seiner äußersten Ausdehnung überschritten hatte, implodierte das von Boedinger geschaffene Universum und sank in den folgenden Tagen unaufhörlich in sich zusammen, bis es schließlich auf die Größe eines olivgrünen Mercedes in der zweiten Etage des Archivparkhauses geschrumpft war, den Boedinger bewohnte, seit er seine Wohnung und seine Anstellung verloren hatte. Er gewöhnte sich mit der Zeit daran, seine Toilettengänge, die keine mehr waren, weil er hierzu nicht mehr aufstand, in Flaschen und Dosen zu verrichten. Er durfte jetzt keine Zeit mehr verlieren. Aus der ihn täglich und nächtlich begleitenden, immer dringlicher werdenden Angst, das Universum könnte ohne seine Notate zu existieren aufhören – denn längst brachten die Zettel jene Welt hervor, die sie einst beschrieben hatten –, versuchte Schnitzel nun, sämtliche Ereignisse auf dem Planeten Erde niederzuschreiben, und jene, die noch nicht geschehen waren, zumindest vorherzusagen: Den Gang der Gezeiten, künftige Geburten, Getreidepreise, Präsidentschaften, Anweisungen für Zellteilungen, Farbveränderungen auf der Fassade des Kremls und, nicht zu vergessen, die subtilen Schwankungen im Atomgewicht von Brom.

Als ehemalige Kollegen Schnitzels Mercedes nach den Weihnachtsferien entdeckten, hörten sie aus dem Inneren leise Hilferufe. Boedinger drohte offenbar in seinem Auto zu ersticken. Die Zettel in der Fahrerkabine hatten sich derart rasch vermehrt, dass darinnen keine Luft mehr zum Atmen geblieben war.

Sowie man die Fahrertüre aufriss, platzen die Zettel in einer rauschenden gelben Wolke hinaus. Der Wind trug sie hoch in die Lüfte, bis über die Dächer der Stadt, wo man sie noch einige Tage lang umherrauschen sah; angeblich hielten Ornithologen einer angrenzenden Vogelbeobachtungsstation die Zettel für einen Schwarm gelber Ziegensittiche.

Schnitzel, von dem man im Urkundenarchiv zunächst noch viel sprach, wurde recht bald von seinen Kollegen vergessen, was nicht auf einen unbedingten Wunsch oder eine Abneigung zurückzuführen war, sondern auf den Umstand, dass nach der Demontage ALEPHs und der Räumung von Boedingers Büro keine Spuren mehr zurückgeblieben waren, die an ihn erinnert hätten.

Nach der Einlieferung in das Zentralkrankenhaus von Uppsala, wo man die Symptome seines akuten Erstickungsanfalles ohne große Mühen zu lindern verstand, hatte man Schnitzel in eine Nervenheilanstalt verlegt. In den folgenden Wochen quoll seine Akte bald über von den zahlreichen Befunden und den in ihrem Urteil erstaunlich divergierenden Gutachten der Ärzte und Experten.

Als der Chefarzt ihm diese umfassende Akte bei einer Visite präsentierte, äußerte Thorsten Schnitzel Boedinger den Vorschlag, den Papieraufwand seiner Befunde durch ein von ihm erfundenes System Namens ALEPH beträchtlich zu reduzieren. Weiterhin behauptete er, ALEPH könne ebenso die Effizienz im Verwaltungsapparat der gesamten Klinik um mehr als neunzig Prozent steigern; ja, dafür könne er sogar garantieren, denn schließlich liefere ALEPH zu jedem eingegebenen Suchbegriff das entsprechende Resultat.

gedappöh gedonapp, gedappöh gedonapp

Iris Gassenbauer

Und was am Ende bleibt

Die Katze war eindeutig tot. Hintz hatte es bemerkt, als er ihr in der Früh die Terrassentür geöffnet hatte und sie auf der Couch liegen geblieben war. Sonst hatte sie ihn bereits damit sekkiert, hinaus in den Garten zu wollen. Hintz hatte die Tür geöffnet und gesagt: „Raus", dann war er näher gekommen und hatte ihren Rücken berührt. Spätestens da war ihm klar geworden, dass sie es nicht mehr machen würde. Der Katzenrücken war ohne Spannung geblieben und der Kopf zur Seite gerutscht. Hintz hatte sich ein wenig erschreckt, dann hatte er die Terrassentür wieder geschlossen und einige Zeit in den Garten hinausgestarrt. Er war in die Küche gegangen und hatte sich eine Tasse Kaffee vom Vortrag in der Mikrowelle aufgewärmt und zwei Eier in kochendes Wasser getan. Eines war aufgesprungen und sein weißgelbes Inneres hatte den Topf und die Herdplatte verklebt. Hintz hatte die Abendzeitung durchgeblättert, als er darauf gewartet hatte, dass der Kaffee abkühlte. Er hatte zuerst das eine Ei gegessen, dann die Reste des zweiten aus dem Topf gelöffelt. Beim Marmeladebrot hatte er aus dem Fenster geschaut und eine Amsel gesehen, die in der Wiese nach Insekten stieß, dabei hatte er wieder an die Katze gedacht. Hätte sie noch gelebt, wäre der Vogel nicht so locker durch das Gras gesprungen. Als ob er es gewusst hätte. Hintz hatte sich noch ein Marmeladebrot gemacht, dann hatte er die Brösel von seinem Hemd und vom Tisch auf den Boden gewischt und war aufgestanden, um einen Kar-

ton für die tote Katze zu suchen. Im Keller waren die Kisten zu groß und außerdem angefüllt gewesen und auf den Dachboden hatte er nicht gekonnt wegen der Bandscheiben. Hintz hatte später im Vorzimmer einen alten Turnbeutel gefunden, auf dem stand *Fit durch Freude.* Den hatte er ins Wohnzimmer mitgenommen und die Katze eingefüllt. Dann hatte er sich eine Jacke über das Hemd gezogen, die Jogginghose angelassen und war in den Hauspatschen, die ihm das Bequemste waren, mit dem Beutel in der Hand hinaus zur Garage. Die Garage war eine Verlängerung des Dachbodens und es hatte eine Weile gedauert, bis er sein Rad zwischen den Kisten, den Skiern und dem demolierten Bürosessel hervorgeholt hatte, nur um zu bemerken, dass in den Reifen kaum Luft war. Er hatte den Turnbeutel neben das Garagentor gelegt und nach einer Schaufel und der Pumpe gesucht und dann, als er angesetzt hatte zu pumpen, war ihm der Schmerz in die Bandscheiben gefahren, so heiß, dass er in der Buckeligenstellung, halb auf das Rad gelehnt, verharrt war.

Das war der Moment, als sein Nachbar Josep vor die Tür trat und ihm einen guten Morgen wünschte. Hintz drehte sich mühsam um, die eine Hand am Radhocker, in der anderen die Luftpumpe wie einen Schlagstock. Josep kam herüber, weil er nichts anderes zu tun hatte, dabei zog er die Fersen über den morgenkalten Asphalt. Hintz pumpte, der Schweiß brach ihm aus und Josep sah ihm dabei zu, dann holte er sein eigenes Gefährt, ein altes Rennrad und parkte es neben dem Turn-beutel. *Was willst du damit?*, fragte Hintz, aber er wusste es schon. Josep würde mit ihm kommen, zumindest bis zum Beginn der Feldwege, und dort würde er absteigen und seine lächerlichen Mor-genübungen machen. Zwanzigsekundensprints und Kniebeugen, *der alte Trottel*, Hintz biss die Zähne zusammen. Den Turnbeutel schob er über den Lenker und die kleine Schaufel in den Ge-päckträger, dann saß er auf, was seine Zeit brauch-te, und fuhr voraus. Josep holte auf der Haupt-straße auf und lächelte ihn an, dann deutete er auf den Beutel. *Heute auch sportlich?* Hintz schüttelte den Kopf und versuchte, schneller zu fahren, aber sein Jogginghosenbein verfing sich in der Kette und er blieb stehen. Als Josep sich hinunterbeug-te, um ihm zu helfen, schlug ihm Hintz auf den Kopf, direkt auf den großen Altersfleck auf der Halbglatze. Josep machte ein Geräusch zwischen Keuchen und Lachen und zog die Hose aus der Kette, während Hintz schon Schwung nahm. Am Stadtrand bog Hintz in den Feldweg ein und der Beutel hüpfte auf der Lenkstange. Er drehte sich nicht um und fuhr, dass ihm Schweißper-len auf der Oberlippe standen, dann nahm er die Steigung, die zum Wald hinauf führte. Zwischen den Brombeerstauden erwischte er ein Schlagloch und rutschte vom Sattel auf die Mittelstange. Er nahm den Turnbeutel und die Schaufel, dann trat er das Rad in die Stauden. Es knirschte, als Josep in den Waldweg einbog, aber Hintz sah sich nicht nach ihm um. Er wusste noch, wel-cher Baum es war und er sah, dass die Erde an ei-ner Stelle eingesunken war. Dort blieb er ste-hen und legte den Turnbeutel ab. Josep kam durch das Unterholz und blieb in einigem Abstand stehen. *Ist was passiert?*, fragte er und reckte den Hals. Hintz schüttelte den Kopf, dann sagte er *Fahr heim.* Als er sich hinunterbeugte, um den Erd-boden aufzustechen, fuhr ihm der Schmerz so heftig in den Rücken, dass er die Schaufel fallen ließ und in die Knie ging. Josep kam näher und Hintz warf ein Holzstück nach ihm, dann lehnte er sich ins Moos und hielt sich die Hände. Josep hob die Schaufel auf und begann, ein kleines Loch auszuheben, die Erde war weich und voller Amei-sen. Als es tief genug war, stellte er sich zur Seite und Hintz rollte sich zum Turnbeutel herum, schob ihn in das Loch und warf eine Handvoll Erde nach. Dann hielt er sich die Knie und starrte auf den Beutel, bis Josep ihn zugeschaufelt hatte. Es war warm geworden und der Mittagswind bewegte die Wipfel der Tannen über ihnen. In der

Nähe sang ein Buchfink und vom Feld herauf trug es den matten Lärm eines Traktors. Josep setzte sich zu Hintz in das Moos. *Ist schon gut!*, sagte er nach langer Zeit und Hintz nickte einmal. Dann kamen sie auf die Beine, wobei sie sich gegen einen Fichtenbaumstamm stützen. Hintz ging voraus, zog sein Rad aus den Brombeeren und schob es den ganzen Weg zurück zum Ende der Feldwege. Dort saß er auf. Über die Schulter blickte er nur kurz, aber er wusste auch so, dass Josep angehalten hatte, um mit den Zwanzigsekundensprints anzufan-gen. Er sah auf seine Hände, die auf der Lenkstan-ge lagen. Eine Ameise lief zwischen den Fingern bergauf und bergab. Hintz griff fester zu, dann nahm er Schwung und fuhr heim.

Ja, gut, nicht das richtige Medium für Ernst- haftes, verstehe, verstehe.

Marc Oliver Rühle

Nur vom Sehen

— „Wenn du diese Landschaft jeden Tag vor Augen hättest? Könntest du dir das vorstellen, hier ein eigenes Haus? Dort zum Beispiel, auf dem Plateau, mit großem Holztisch und einer Terrasse, jeden Tag, mit Ausblick über die weite Fläche aus Feldern und Meer?"

Keine Antwort. Immer wenn Esther nichts sagt und nur auf mein Nachfragen reagieren würde. Immer wenn es viel zu schön sein könnte, um sich daran zu gewöhnen. Immer wenn ich, ohne hinzusehen, ihr Abschweifen zu identifizieren glaube. Dann begreife ich, dass er hier ist.

Esthers Schweigen bedeutet, dass sie nicht mit mir teilen kann, was sie mit ihm teilt. Immer wenn Esther keinen Namen nennt, weiß ich, dass sie eigentlich Fabian sagt.

Mein unscharfer linker Nasenflügel, während ich mein rechtes Auge geschlossen halte – die hüfthohe Steinmauer, hinter der Ziegen vor unserem Dieselmotor aufschrecken – der hitzetrübe Himmel ohne Anhaltspunkt – ein chemieblauer Plastiktütenfetzen, schon porös, in den Heckenästen verfangen, die unseren Weg stückweise säumen – meine Barthaare oberhalb der Lippen und wie sie abstehen, wenn ich meinen Mund zu einem Fischmaul spitze.

— „Könntest du es dir denn vorstellen?"

Wir wollen vorwärts kommen und uns weiter an einen Ort herantasten, der uns für mehrere Tage gefallen könnte. Wir kommen aus dem Westen und fühlen uns vom Osten angesogen. Das Schwarze Meer markiert zunächst eine Grenze, danach gäbe es vorerst nur zwei Möglichkeiten. Norden oder Süden. Die Tankanzeige leuchtet scharfrot, wir reizen es immer aus. Esther trinkt kurz darauf Cola aus der Tankstellenkühltruhe. Der Preis dafür ist vergleichsweise gering. Die Dose ist beschlagen und Esther macht Fingerdruckstellen auf dem dünnen Metall. An die Zapfsäule gelehnt lache ich mit ihr im Seitenspiegel hin und her. Bis hierher – wieder mal geschafft. Wir sehen nach allen Möglichkeiten aus, von außen, wenn ich Esther so betrachte, durch das offene Fenster, in unsere Welt hinein. Ich steige ein. Sie sieht mich an. Etwas müde, vielleicht. Es gibt schönes und schlimmes Schweigen, Esther und ich beherrschen sie beide, von Anfang an.

— „Hat das hier jetzt etwas Gutes?"

Wir sind fahrend. Der Asphalt verschwimmt mit dem Himmel, kilometerweit vor uns. Eine Gerade aus Teer und einem großen Gleißen. Ich habe kein Gefühl mehr für die Geräusche des Getriebes und nehme etwas Druck vom Gaspedal. Wir gleiten auf eine Brandung zu, welche Esther nicht sehen kann. Ich weiß nicht, was Esther sieht.

— „Ab wann ist Sehnsucht ein moralisches Vergehen?"

Esthers warme Handfläche auf meinem Oberschenkel. Der Sommer gibt uns dieselbe Temperatur. Mit einer Lenkraddrehung sehe ich zu ihr auf den Beifahrersitz, etwa so, als wenn ich irgendeine Antwort erwarten würde.

– „Vielleicht ist diese Situation ganz einfach zu erklären! Würdest du es denn mir zuliebe versuchen?"

Die Beschaffenheit des Weges, fernab von asphaltierten Straßen, rüttelt uns durch. Eine einzige Steinpiste, auf der auch meine Gedanken durcheinandergeschleudert werden. Wir fahren ihr nach, ins Blaue. Als müssten wir herausfinden, wohin sie uns führt. Esther knipst mit ihrem iPhone durch die Windschutzscheibe. Dieses übertriebene Signal des Auslösens, denke ich, als müsse man es unbedingt verraten. Die Schlieren auf dem Glas, quer über den Bildausschnitt, verschmieren die Sonne, den überblendeten Himmel, das Grün am Bildrand. Und erschweren mir ein konzentriertes Ausweichen vor den Schlaglöchern. Als würde ein Hindernis durch mein Auge huschen. Ein Lichtwechsel, ein Krisseln. Wenn ich es hören könnte, wäre da ein Geräusch in mir. Ein Knistern zwischen Lidschlag und Iris. Ein Umstand, mit dem man leben, mit dem ich umgehen muss.

– „Such dir in deinem Blickfeld ein Objekt, eine Stelle, etwas sehr, sehr Nahes aus und sieh genau hin – danach etwas im näheren Umfeld, im Umkreis von ein bis zwei Metern – und dann etwas, was so weit weg wie nur möglich scheint. 1 - 2 - 3 – und zurück: 3 - 2 - 1, und wieder von vorn. Also Motiv A, dann B und C hintereinander weg und zurück. Und jedes Motiv mindestens zwei Mal. So musst du es machen und reib dir nicht in den Augen, das macht süchtig."

So hatte Esther es mir empfohlen, aber es ist wohl sein System.

Der Liedtitel am Display des Autoradios – der Steinkamm der Erhöhung, auf die wir zufahren – die zunehmende Verschleierung des Sommerhimmels – die Graustufen des Gerölls – die Staubwolken um uns und wie sie an den geschlossenen Seitenfenstern aufstieben.

Das Gefühl, er sieht durch Esthers iPhone auf das, was Esther sieht und wie sie es für sich – für Fabian – festhält. Das Gefühl, er sieht ihr zu. Das Gefühl, er ist hier. Mit einem geräuschlosen Touch verlassen meine Mutmaßungen ganz

leicht diesen Ort und diese Stelle. Vielleicht gibt es gleich WLAN am Strand?

– „Also ich glaube, wir sind… da!"
– „Sieht ganz danach aus."
– „Hier ist es doch sehr schön, nicht?"
– „Ja! Und wieder ein perfekter Platz!"
– „Wollen wir hier einfach bleiben?"
– „Ja klar, was für eine Frage!?"
– „Also, der Ausblick ist schon ein Traum – oder?"

Die helle Haut meiner linken Handfläche im Vergleich zu den blondgeblichenen Härchen meines rechten Handrückens – das Piniengrün im Rückspiegel während wir uns noch einmal im Kreis drehen, um die richtige Halteposition zu erreichen – der nördliche Küstenstreifen, der sich vor uns zu einer Einbuchtung formt – die unendlich vielen braunen Piniennadeln, die über den gesamten Bereich verstreut sind, auf dem wir zum Stehen gekommen sind – die schwarzen Bügel seiner Sonnenbrille, die sie von seinem Kopf nimmt.

– „Aber hattest du es dir denn anders vorgestellt?"

Manchmal mache ich die Übungen völlig unbewusst und hinterher fällt mir auf, dass sie Teil meines Lebens geworden sind. Meine Sonnenbrille lege ich zusammengeklappt auf die Ablage. Ich sehe zu Esther. Die Schiebetür schnellt mit einem tiefen Aufziehgeräusch aus ihrer Hand in die Haltefassung. Jetzt steht alles offen. Auch die Frage: Wo wären wir ohne ihn? Ich gehe ein Mal um den Bus und lehne mich an die Motorhaube. Sie ist ganz heiß. Ein Schnaufen dringt unter ihr hervor, als wenn etwas weiteratmet, es darin weiterlebt. Ich schaue von der Freifläche zu den Steinen, Büschen und Bäumen zurück. Weißt du noch, denke ich schon jetzt, genau in diesem Moment.

– „Die Stimmung ist wie gemacht."

Wo gefällt es Esther wohl am besten? Mein einziger Gedanke während der letzten halben Stunde, bis in das Handbremsenziehen hinein. Jetzt alle Fenster heruntergekurbelt, die Wegfahrsperre der Gewohnheit halber einrasten gelassen. Der Zündschlüssel im Schloss für die Musik. Manchmal habe ich Angst, dass Fabian bereits in manchen Liedern auf sie wartet.

Ein leicht abkühlender Abend leuchtet als blau-graues Licht in den Seitenspiegeln. Esthers Hände feigenverklebt. Leise Mundgeräusche an ihren Fingerkuppen. Das Heck unseres T4-Busses steht zum Strand hin ausgerichtet. Die Klappe in der Luft, zeigt ihre Blechkante auf das Meer. Sommerkitsch, sagt Esther und die Dunkelheit ist da. Ein Picknick, rechtzeitig vor uns ausgebreitet. Die Blicke weit im Schwarz der Flächen, die zueinander gefunden haben. Danach etwas Nahes, von den Augen ganz eng umschlossen, dann von Gedanken aufgelöst. Ich habe über das Wort *Flatterband* nachgedacht und dass ich es gern benutzen würde. Eine Grenze, die ich ausrolle, die ich ziehen kann. Bis hierher und nicht weiter. So geht es mir, damit. Eigentlich würde ich gern nachsehen können, woran Esther denkt. Ohne Flatterband. Das Brandungsgeräusch übertönt die unsichtbaren Sirenen der Mücken und ich glaube, Esthers Oberkörper liegt zu mir gewandt auf der Matratze, die wir mit uns führen. Ihre Haut wirkt auf dem blassen Weiß des Lakens dunkel wie ein Schatten von Bäumen, der auf eine Hauswand fällt. Diffus Esthers Michanlächeln. Tut sie es denn? Ich bewege mich langsam von meiner auf ihre Seite. Des Nahseins wegen, bestmöglicher Rückversicherung, sind wir nun engumschlungen. Dieser menschenverlassenen Natur anvertraut, zu der uns gleich mehrere Einheimische, fast auffordernd, geraten hatten. Nur weiter draußen am anderen Ende des Wassers ein künstliches Licht, vielleicht ein russischer Tanker, vielleicht eine Fähre, ein undefinierbarer Punkt. Wie sollen die Übungen funktionieren, wenn alles dunkel ist, man nichts erkennen kann und sich auf das verlassen muss, was man weiß und was man nur miteinander erfahren hat?

– „Warum heißt das Schwarze Meer *Schwarzes Meer*, wenn es überall dort, wo ich es gesehen habe, milchig bis türkis ist?"

Esthers leise Stimme aus dem Off dieser friedvollen Überwältigung, einer Stelle so nahe zu kommen, wie mit unserer mobilen, kleinen T4-Welt. Esthers Fragen erinnert mich daran, dass sie sich Fragen stellt, an die ich nicht zu denken in der Lage bin. Wo Esther wohl überall hingelangt mit ihren Gedanken – weiter, als es mir überhaupt gelingen kann. Diese Möglichkeiten beginne ich durchzuspielen, bis ich nicht mehr nachvollziehen kann, ob ich eingeschlafen bin.

Das Erwachen mit dem Sonnenaufgang. Das viel zu schnell mit Hitze aufgeladene Blechdach erhitzt die Luft in unserem T4. Das Meer liegt regungslos in der Frühe. Ohne Ton schweben Möwen über den Windauftrieb des niedrigen Hangs, der sich über ein paar weitere Böschungen in feinem Sand auflöst. Kein Mensch zu sehen. Ich drehe mich, mit Esther an mir, noch mal auf den Rücken und greife nach ihrer Hand auf meiner Schulter.

– „Kennst du das, wenn du etwas ganz deutlich spürst und dass das so stark ist in diesem Moment, dass du aus der Stärke des Gefühls heraus unfähig bist, die richtigen Worte zu finden, auch weil du eine ganz genaue Ahnung eben nicht artikulieren und dadurch nicht beweisen kannst!?"

– „Aber wenn du dir wirklich sicher bist, dann musst du es doch auch ausdrücken können, oder?"

Anscheinend habe ich eine zwanghafte Angst davor entwickelt, Esther in Situationen, die mir bisher mit ihr noch nicht widerfahren sind, nicht sehen zu können. Etwas, das mir vorenthalten bleibt und bis hierher reicht. An einen Ort, den ich ohne Karte nie wiederfinden würde. Ich glaube, hier, in dieser Idylle, die dem Glück einen direkten Zugang freilegt, zwischen unseren sich wiederholenden Abläufen und den dicht aufeinanderfolgenden und kommenden Eindrücken, den neuen Erinnerbarkeiten von unterwegs, hier direkt vor uns, in meinen und in ihren Augen, habe ich Angst vor der ganzen Welt.

Etwas, das mich nicht klar auf die Welt sehen lässt: Lidzucken. Ich dachte, das bekommen nur Geschichtslehrer, weil sie nervös sind, die Geschichte könnte sich verändern, während sie ihrem Lehrplan Folge leisten müssen. Aber seit geraumer Zeit habe auch ich diesen Tic. Wenn es nicht aufhört, über dem Augapfel zu ziehen und zu zittern, schließe ich ganz fest die Augen, wie Kinder sie zukneifen, wenn sie an der Baumrinde bis zehn zählen. E i n s – Z w e i – D r e i. Wenn ich nichts sehe, kann ich auch nicht zucken, denke ich dann. Weil das aber unglücklich aussieht und es hinderlich ist, habe ich mir dieses unsichtbare Training angewöhnt, welches, so viel ich weiß, als Augenyoga bezeichnet wird. Damit bin ich wenigstens nicht aus der Welt.

Etwas ganz Nahes fokussieren, 1, dann ein Objekt fünf Meter weit weg, 2, daraufhin die größtmögliche Entfernung, 3 – und zurück. Die Etappenziele immer wieder scharfstellen. In diesem Sommer habe ich mit den Übungen angefangen. Im Sommer zuvor hat es begonnen – das Zucken. Ich denke zwangsläufig an Parallelen. Was ist in der Zwischenzeit passiert und was muss den jeweiligen Sommern vorangegangen sein? Ich habe das Gefühl, je besser ich die unterschiedlichen Schärfegrade beherrsche, desto geringer ist die Chance, dass ein Zucken, Flackern oder Ruckeln in mein Umsehen, meine Bedingungslosigkeit oder meine persönliche Unschärfe einfallen kann. Irgendwo dazwischen hat sie ihn kennengelernt.

– „Nur vom Sehen."

Viel kann ich über ihn nicht sagen. Und doch weiß ich alles. Das ist inbegriffen im Nichtswissen. Mein Zappeln in den Sätzen, die ich an Esther richte, wenn ich Reibung, aber nichts anrichten will. Manchmal denke ich, ich dürfe nichts von alledem. Weder still noch laut sein, noch sowohl das eine als auch das andere übertreiben. Nicht den Fehler machen, etwas Falsches zu denken, zu sagen.

– „Vielleicht habe ich ja auch nur Angst vor meinen Konsequenzen!"

Auf dem Weg zur ersten bewussten Aktivität am Tag, dem Bad im Meer, denke ich mich an andere Orte, an denen ich nie bei ihr war, denke mich in Zeitpunkte, zu denen ich abwesend war, denke an Momente, die ich nicht einschätzen kann. Ich denke, anstatt Esther neben mir anzusehen. Wie sie lacht und nackt und Mädchen ist. Ich weiß nicht mehr, welchen Weg ich zum Strand genommen habe. Jetzt bin ich bis zum Nabel im Wasser. Ich verspüre kaum einen Temperaturunterschied zur Luft. Keine Wolke zu sehen, nicht mal mehr ein Vogel. Wie komme ich mir vor, nach oben zu starren, als wenn es dort etwas zu finden gäbe? Mit großen Augen, kaum überrascht von der Größe des Himmels. Und wenn ich das jeden Tag vor Augen hätte? Muss ich mir das vorstellen können?

– „Ich weiß nicht, warum das Schwarze Meer so heißt!"

Die kleinen Blitze unter meinen geschlossenen Augenlidern – der Körper ohne Spannung, die Handrücken auf der Wasseroberfläche – die kleinen Bläschen unter mir – die ausgestreckten Arme Esthers und wie sie mich albern antippt und ich wieder mit den Füßen den Sand berühre – Esthers Umarmung, ihre nassen Haare an meiner Wange, ihr Kopf auf seiner Schulter.

Leuten heimlich auf den Schatten gucken.

Luise Maier

Hommage an Nieder- bayern

Ich liebte Ödwimm. Ich liebte die Gräd aus roten Ziegelsteinen entlang des Wohnhauses, liebte die Stube, in der keine gståndne Månna aufrecht stehen konnten, weil die Decke so niedrig war, dass sie einen Buckel machen mussten, ich liebte es, auf der Eckbank am Holztisch zu sitzen und meine Füße auf das Vergeits-God zu stellen. Ich liebte die knarzende Treppe, die über das Kammal der Großmutter in mein Zimmer hinaufführte, liebte mein Bett, dessen Laken so kalt waren, dass sie sich nass anfühlten und sich erst aufwärmten, wenn ich lang genug still dalag. Ich liebte den alten Heenastoi auf der Südseite des Hofes, den der junge Bertl als Schreinerei benutzte und dessen Betonboden mit Holzspänen bedeckt war, so dass ich, wenn ich darüber lief, glaubte, über Waldboden zu laufen. Ich liebte die alte Garage an der Ostseite, auf deren Dach das feuchte Moos an den Schienbeinen kleben blieb, wenn ich mich kniend an der Regenrinne festklammerte, um nach unten in den Hof zu blicken. Ich liebte den Keibestoi und die Keibe, die ihre rosarote Schnauze kaltnass in meine Handinnenfläche drückten, ich liebte es, ihnen die flache Hand in den Mund zu schieben, sie daran saugen zu lassen und dass, wenn ich meine Hand wieder herauszog, sie warm und voll Spucke war, die zwischen meinen Fingern Fäden zog wie Schwimmhäute. Ich liebte den Kuastoi, der den Hof zum Norden hin abschloss, in dessen warmem Inneren fünfundzwanzig Kühe standen, ich liebte all ihre Namen, ich kannte all ihre Namen, von Agnes, der Nummer eins, bis Roma, der Nummer fünfundzwanzig. Ich liebte diesen Hof, von dem alten Opfebaam, der in der Mitte des Innenhofes stand und der schon viele Schaukeln getragen hatte, bis zum Weiher am Waldrand, in dem der junge Bertl keine Karpfen einsetzen konnte, weil das Wasser mit Fadenalgen durchzogen war. Ich liebte den Moodå, den Irdå, den Miggå, den Pfindsdå, den Freidå, den Såmsdå und den Sundå, weil jeden Morgen die Sonne über dem Waldessaum hinter der Garage aufstieg und jeden Abend über dem Acker hinter dem Wohnhaus verschwand. Ich liebte den Bienenwagen des alten Bertl, meines Großvaters, den er für die Imkerei benutzt hatte und auf dessen Holzlatten die dunkelblaue Farbe schon abblätterte. Ich liebte die rostrote Honigschleuder, die im Inneren des Wagens stand und die alten Waben, die daneben lagen und aus denen wir als Kinder den letzten Rest Honig, die letzte Süße gesogen und das Wachs noch stundenlang kauend in unseren Mündern behalten hatten. Ich liebte die Schärfe der Pfefferminzbonbons der Großmutter, die sie in der Holztruhe in ihrem Kammal oder in ihrem Schirzltaschl versteckte und an uns Kinder verteilte. Ich liebte die selbstgemachte Butter auf frisch gebackenem Brot, ich liebte den Kuchen, dessen Teig so gelb war wie die Eidotter, aus denen die Großmutter ihn gebacken hatte. Ich liebte Ödwimm und ich liebte die Großmutter, deren Nachbarin ihr, als ihr Sohn im Alter von acht Tagen starb, über die Wiesen hinweg zurief: Is a eng dahungert und dafrorn?

Gräd
betonierte oder gepflasterte Stufe an der Eingangs-seite eines Bauernhauses

gståndne
hier: groß

Månna
Männer

Vergeits-God
Vergelte es Gott: Fußleiste an alten Tischen

Kammal
Kämmerchen

Heenastoi
Hühnerstall

Bertl
Rupert

Keibestoi
Kälberstall

Keibe
Kälber

Kuastoi
Kuhstall

Opfebaam
Apfelbaum

Moodå – Sundå
Montag - Sonntag

Schirzltaschl
Schürzentasche

Is a eng dahungert und dafrorn?
Ist er euch verhungert und erfroren?

PuBeR

POETIK/ INTERVIEW

UND DANN HABEN WIR GESAGT: HEY, MACHEN WIR GEMEINSAME SACHE.

Johanna Wieser und Marko Dinić im Weidinger

Johanna Wieser (J)

und dann haben wir gesagt: Hey, machen wir gemein- same Sache.

Im Gastgarten des Café Weidinger treffe ich meinen alten Freund Marko Dinić (M), der mit dem Bureau du Grand Mot aus dem Nichts heraus die junge Literaturszene Salzburgs kreiert hat. Unser beider Wege sind seit dem gemeinsamen Studium ähnlich verlaufen: weg von der theoretischen und hin zur angewandten Literatur. Nun sprechen wir in Wien über Salzburg und alles dazwischen.

J

Lieber Marko, ich hab dich jetzt so lange nicht gesehen und möchte dich gleich fragen: was machst du denn gerade literarisch?

M

Ich schreibe an zwei verschiedenen Sachen: erstmal an meinem zweiten Gedichtband, der zur Hälfte fertig ist. Und an meinem Prosadebut.

J

Roman oder wie?

M

Nein, Kurzgeschichtensammlung.

J

Ich stelle mir das immer so vor wie mit dem zweiten Album einer Band. Spürst du diesen Druck?

M

Ich spüre finanziellen Druck. *(lacht)* Nein, Druck insofern, als es mich zum Schreiben auch irgendwo motiviert. Sagen wir, das ist jetzt positiver Druck, der von verschiedenen Seiten, seien es LektorInnen oder VerlegerInnen, auf mich ausgeübt wird: dass ich vorankomme, weiterkomme mit meinen Texten. Negativer Druck insofern, als die Erwartungshaltung sich dann schon verschiebt. Wenn du ein Stipendium bekommen hast oder mehrere Stipendien oder einen Preis, werden viele Leute aufmerksam – und dann auf einmal erweitert sich dieser Dunstkreis der „Vollchecker", die es anscheinend voll im Literaturbetrieb drauf haben, also die sogenannten Experten, und die schauen ganz genau, was als nächstes von dir kommt.

J

Wie empfindest du das?

M

Sie warten entweder darauf, dass du es schaffst oder auf die Schnauze fällst. Irgendwie habe ich das Gefühl, dass das so eine Schwarz-Weiß-Geschichte ist. Und darin dann einen Schreibfluss aufrecht zu erhalten, ist ein bisschen schwieriger geworden. Aber es ist auch schwierig, weil ich vieles nebenbei mache. Sei es das *Bureau du Grand Mot*, unser Kunstkollektiv, oder Performances oder eben Lesungen organisieren – *KulturKeule* et cetera, et cetera. Das kommt auch dazu.

J

Was macht ihr denn mit dem *Bureau* noch? Oder erzähl erstmal kurz – wie ist das Ganze überhaupt entstanden?

M

Entstanden ist es eigentlich im Café. Ganz normal.

J

***(lacht)* In welchem?**

M

Im Café Central in Salzburg, so als eine illustre FreundschaftlerInnenrunde..

J

Ich kann's mir so gut vorstellen!

M

Und dann irgendwann haben ein paar Leute mal gesagt: okay, wir veranstalten Lesungen. Einige von uns haben auch eine Literaturzeitschrift, das *mosaik*, und wir dachten, wieso sollten wir das jetzt nicht miteinander verbinden. Dann sind wir auf die Idee gekommen: Okay, wir könnten ja mal ein gemeinsames Projekt angehen und das unter einem gemeinsamen Namen: dem *Bureau du Grand Mot*.

J

Wie viele Leute haben sich denn damals zusammengefunden und waren die alle schon aktiv?

M

Ja, die waren alle schon aktiv – manche literarisch, manche auch in anderen Kunstsparten, und

deswegen nennen wir uns ein Kunstkollektiv. Weil wir uns eben nicht auf Literatur festlegen, wobei der Schwerpunkt schon die Literatur ist. Der engste Kreis umschließt zwölf bis vierzehn Personen ungefähr. Wobei wir auch keine Mitgliederliste führen oder was auch immer. Wir sind kein Verein, nicht offiziell, also wir sind wirklich so ein ziemlich freies Gebilde.

J

Mit verschiedenen Aufgabenbereichen mittlerweile?

M

Von offizieller Seite aus sind es vier Säulen, sprich drei Lesereihen: das *So.What.Wörtlich*, das *LiteraturLetscho* und die *KulturKeule*. Dazu kommt noch die Literaturzeitschrift *mosaik*. Zusätzlich machen wir externe Projekte, wie zum Beispiel jetzt die Performance mit dem G13-Kollektiv beim Literaturfest in Salzburg. Wir hatten die Einladung erhalten, beim Literaturfest einen Abend zu kuratieren, sozusagen um die Jungen anzulocken.

J

Das heißt, in Salzburg habt ihr mittlerweile einfach schon so einen Namen, dass die Leute auf euch zugehen?

M

Auf jeden Fall.

J

Ich kann mich nicht mehr genau erinnern – es kommt mir so lange vor – aber seit wie vielen Jahren gibt es euch denn jetzt schon?

M

Seit zwei Jahren. Ich meine, diese Gruppe gibt es seit vier, fünf Jahren, aber das *Bureau du Grand Mot* offiziell seit Dezember 2012.

J

Und wie funktioniert das so bei euch, wie erreicht man euch denn, wenn man wollte?

M

Man kommt zum Mittwochsstammtisch! Oder man kontaktiert uns über unsere Website oder bei einer Lesung, oder man wird eingeladen, oder man ruft irgendjemanden, den man von uns kennt, an und sagt: Hey, hättet ihr nicht Lust, irgendwas gemeinsam zu machen, und wir sagen: Ja, voll cool, oder.. *(überlegt)*

J

..geh brausen.

M

(lacht)

J

Wie weite Bahnen hat es denn von Salzburg aus schon gezogen und wie ist deiner Einschätzung nach der Kontakt nach Wien?

M

Gut, gut. Dadurch, dass ich schon viele von der Sprachkunst zur *KulturKeule* eingeladen habe. Ich sehe die Sprachkunst quasi als Pool an Autorinnen und Autoren, aus dem ich schöpfen kann und sagen kann: Hey, ich lade euch gerne für ein kleines Entgelt ein.

J

Ich finde es ganz besonders schön, dass es diese Verbindung gibt. War das schwierig, in Salz..

M

Superschwierig, es war superschwierig! *(flüstert)* Es war so schwierig..

J

Du weißt ja gar nicht, was ich fragen will! *(hebt neu an)* Als ich 2010 nach Wien gekommen bin, gab es in Salzburg nichts an junger Literaturszene.

M

Nein. Gar nix.

J

War es schwierig oder ging es dann im Endeffekt schnell, da was aufzubauen? War Interesse da oder ist jetzt Interesse da?

M

Interesse gibt es auf jeden Fall. Du hast ja auch bei der *KulturKeule* gelesen und du hast gesehen, wie viele Leute gekommen sind. Es ist anscheinend großer Bedarf da, denn viel gab es vorher wirklich nicht. Angefangen hat eigentlich alles mit einer Lesereihe im alten Jetlag, bei der es beim ersten Mal vier männliche Lesende gab und das Publikum bestand aus drei Männern und Claudia Höckner. Und dann entstanden irgendwann die *KulturKeule* und das *So.What.Wörtlich*, und dann so nach zwei Jahren dieser sozusagen losen Organisation und der Eigeninitiative ging es immer mehr zu gefestigten Strukturen – und heute ist es eigentlich so eine kleine Maschinerie geworden. Es ist wirklich fast zum Automatismus geworden, weil wir genau wissen, okay, jetzt steht die *KulturKeule* an, jetzt steht das *LiteraturLetscho* an, jetzt müssen wir da organisieren, dort organisieren.. Früher habe ich gesagt: Jetzt hab

ich Bock auf Lesung, nächsten Monat, passt, machma das.

J

Somit hast du meine nächste Frage von selbst beantwortet – ob das heißt, am Anfang war's einfach Leidenschaft?

M

Es ist immer noch Leidenschaft! Wir handeln immer noch aus einem Idealismus heraus und das finde ich auch gut so. Wir handeln nicht aus dem Bewusstsein heraus: Hey Leute, wir haben jetzt einen Bildungsauftrag zu erfüllen – sondern wir handeln aus dem Bewusstsein heraus: Hey, wir sind die.. wir sind die literarische Gegenkultur in Salzburg.

J

Die literarische Gegenkultur zu?

M

Zu etablierten Formen.

J

Wie ist denn die Verbindung zum Literaturhaus?

M

Wir haben sozusagen einen Konsens erreicht. Am Anfang war's ein bisschen schwierig, auch wegen ein paar Interviews in den Zeitungen, die uns sozusagen als die jungen wilden Anarchisten dargestellt haben, die irgendwie gegen alles sind, und das stimmt so nicht. Es ist jetzt eine friedliche Koexistenz.

J

Das heißt, es gibt friedlich Platz für beide?

M

Auf jeden Fall, ja. Wir sind einfach eine Experimentierplattform, man kann zu uns kommen und sich da erproben. Und die Leute, vor allem auch junge Leute, springen drauf an, weil sie wollen das ja sehen: wie entwickelt sich das da, wenn eine Johanna Wieser kommt und bei der *KulturKeule* liest oder eine Sophie Zehetmayer.

J

Ich kann mir vorstellen, dass die eigene Produktion darunter manchmal etwas leidet.

M

Naja, was heißt leidet.. ich habe ein Artist in residence-Stipendium bekommen und konnte mich dann für zwei Monate zurückziehen und in Brno schreiben und das habe ich so genossen. Das ist schon super, wenn man sich zurückziehen und schreiben kann, aber auf der anderen Seite vermisse ich dann auch irgendwo das Organisieren, das Anpacken, weil ich finde, das gehört auch zu meiner Produktion dazu. Nicht nur selber schreiben und mich selber in diesem Sumpf von Literaturbetrieb suhlen, sondern auch anderen unter die Arme greifen.

J
Wann hast du denn mit dem Schreiben begonnen?

M

Mit vierzehn habe ich angefangen und als ich sechzehn war wieder aufgehört. Als ich in Belgrad zum Studieren angefangen habe, habe ich wieder begonnen, aktiv zu schreiben – mit achtzehn.

J
In welcher Sprache?

M

Auf Serbisch. Und ein bisschen auf Deutsch. Wir hatten damals eine Zeitschrift, in der ich veröffentlicht habe, und auf einmal haben mich alle Rilke genannt, weil ich Germanistik studiert habe. Aber als ich nach Salzburg gekommen bin, da beginnt, glaub ich, wirklich meine aktive Zeit. Ich habe wieder angefangen, Gedichte zu schreiben, dann kamen die ersten Lesungen, dann habe ich angefangen, erste Lesungen selber zu organisieren, und dann irgendwann mal kam die Schnapsidee, ich möchte ein Buch veröffentlichen. Was jetzt retrospektiv viel zu schnell war, aber den Leuten hat es anscheinend gefallen, weil der Gedichtband ist ausverkauft.. Und irgendwie ist es dann so zum Selbstläufer geworden. Ich bin jemand, der wirklich superkritisch seinen eigenen Texten gegenüber ist, und eben dadurch, dass ich eigentlich kein Muttersprachler bin, schaue ich mir alles sehr von einer Distanz an – die deutsche Sprache.

J
Du experimentierst auch viel. Zum Beispiel deine neuen Gedichte, die sind ja ganz anders.

M

Ja, jetzt kommt *troedln*, das ist der neue Gedichtzyklus, und danach der Zyklus *bloedln*. In letzter Zeit habe ich wirklich gemerkt, dass ich zum Experimentieren angefangen habe, das stimmt. Ich habe irgendwie sehr klassisch begonnen damals, superklassisch – da muss der Jambus stimmen, sonst geht's gar nicht et cetera. Das habe ich jetzt über Bord geworfen und ich finde das super. Ich habe das jetzt ein bisschen an meiner Prosa angewandt, sozu-

sagen die Erzählstränge auseinanderzureißen und sie erst dann später irgendwie einzuflechten. Was ich wirklich mag, ist einfach Textarbeit. Ich fühle mich super, wenn ich an einem Text richtig arbeiten kann. Und dahingehend hat sich mein Schreiben sowas von verändert. Ich bin auch ein sehr langsamer Leser – ich wiederhole, weil wenn ein geiler Satz dasteht, dann will ich ihn nicht nur ein Mal lesen, dann lese ich ihn fünf Mal. Damit ich ihn auch entschlüssle. Für ein Buch, für das man eigentlich eine Woche braucht, brauche ich halt drei Wochen. Natürlich stehe ich dann auch vor meinem Bücherregal und denk mir: Scheiße..

J
(lacht) Das Leben ist zu kurz – so vieles zu lesen.

M

Ja genau..

J
Wer von uns nicht.

M

Aber dann denke ich mir auch.. und jetzt schimpfe ich mal über den Literaturbetrieb, weil irgendwie sind wir vor allem jetzt, jetzt in diesen letzten Jahrzehnten, so auf Wettbewerb ausgerichtet. Wir leben in einer Hochleistungsgesellschaft und das spiegelt sich auch in der Kultur wider. Und nur, wenn du Preise gewinnst, und nur, wenn du das und das gewinnst, bist du was wert. Und in mir kommt manchmal auch dieses Gefühl hoch, neidisch auf andere zu werden und mir zu denken: Oh mein Gott, der ist ja *besser* als ich, weil *er* das bekommen hat und ich nicht. Und da muss ich mir wirklich selber auf die Schulter klopfen *(klopft)*: das hab ich jetzt ausgeblendet. Wenn ich sehe, ich bin für irgendetwas nominiert, und da ist noch der und der nominiert und den kenn ich, dann denk ich mir immer: sie haben eigentlich mit dem, was ich schreibe, gar nichts zu tun.

J
Nein.

M

Wenn ich zum Beispiel bei der Lektorin sitze und sie sagt, ah, ihr gefallen die Texte von dem oder von der viel besser als meine Texte, weil sie knappere Sätze haben und prägnanter sind, dann denk ich mir heute anders als früher: Okay, ich hab eine Kritik bekommen, ich kann das auch für mein Schreiben anwenden, dort, wo es funktioniert. Dort, wo es nicht funktioniert, berührt es mein Schreiben überhaupt nicht. Und ich find das so super, weil es wirklich ein Befreiungsschlag war.

J

Vielleicht hat das genau mit diesem Druck zu tun, den wir ganz am Anfang hatten – setzt du dich dem aus oder nicht. Dorothee Elmiger hat in einem Interview für die JENNY gesagt, nein, sie empfindet den Druck nicht, weil sie sich einfach nicht für diesen Betrieb interessiert.

M

Ja, aber das kommt, glaube ich, immer drauf an, auf welche Art man im Betrieb selber mitmischt. Also zum Beispiel an mir, der auch im Literaturbetrieb drin ist durch unsere Veranstaltungen, geht das nicht spurlos vorbei. Aber ich sehe den Vorteil darin, dass man einfach mitbekommt, wie das Ganze tickt: Die Leute springen darauf an: der, der den Preis gewonnen hat, der ist interessant, die anderen sind vollkommen uninteressant. Und das ist halt superproblematisch.

J

Öd und eingefahren. Und beunruhigend.

M

Es ist beunruhigend und ich sag dir, wieso: weil der Literaturbetrieb die eigenen Leute gegeneinander ausspielt. Kunst ist nicht demokratisch, aber sie sollte auch nicht in einen Konkurrenzkampf ausarten. Wir streben zu irgendetwas hin, aus einer gemeinsamen Idee heraus, und der Kulturbetrieb spielt uns gegeneinander aus. Und das ist das Perfide und vor allem das Schlimme.

J

Ich denke, Wettbewerbsgeist oder Konkurrenz würden sich wahrscheinlich sowieso entwickeln, aber wenn es dann auch noch provoziert oder unterstützt wird – wenn der Boden dafür einfach da ist und noch weiter gesät wird, dann ist das tatsächlich problematisch..

M

Wir leben für diese Sache und das ist eine gemeinsame Sache und so sollte es auch bleiben.

In die Runde geworfen, wie Kirsch- kerne.

troedln : uno

wo steht auch (ge-)schrieben(?), / zisternen=muetter
waeren nicht stift:wuerdig(!)
<<bulle>> : // vergraben.
& noch 1 oben druff :
(kann ja(jaja:) noch heiter(-er) werden), / damit kakerlaken
unterm kuehl:schrank auch was zum frueh=stueck haben (…)
<<neben schimmligen kost:kadavern (frueher um 1,90 (also ½ preis)
                    im laden um die ecke (und auch so (-gedacht).)>>(.)
das ganze / klammer:klauben:beim:klabautermann, / das / hin-und-her-gebein :
im humpel(-n) inn=(be-)griffen(.) / wird schon werden / , // wird schon SEYN(?)
<<auch nicht zu en.de gedacht>> :
(und) auch nicht mehr in dieser // form …

troedln : 4¾

spiegel:bild(-nis) : in fenster=reihen 1er / (vor-(bei-))gleitenden straßen:bahn (:)
bin `n ALTER geworden : <<im *style* der jungen : „hey, oidaaa!"> > (…)
((ver-)voll-)kommen(-er) spaet:8ziger (:06021988), / (und) doch / nur fuer 1ige secunden(.)
dann ist sie wie=der im (ge-)bimmel f:ort (…)
der musi:c:antor gegen=ueber traegt s:eine miene / aus graphit und ton(((o))) / in d:er
                    linken jacken:tasche // & das her(t)z am r:echten fleck :
2 dylan:geplaenkel im (re-)pertoir und -ewind; / da=zu noch 1 obli(e)gater
                    aligatoren:grinser fuer die zahl:en.de kund:schaft / .
(dann / abend) : schwenker h:in zur g(-asse) / : zeit(-lich) (ver-)abschiedet am bord:stein / , /
                    ½ es rock:(ge-)faltter und -(ge-)bibber bei kaelte
                    und gendarm(.)
<<billa, kino, reis=nudeln um 1 wenig kupfer, birnen:k(l)au(b)en & das fleischige
                    braun mit kern>> :
im aus:hang (:) kitsch und schlaege:(ver-)breitende flach:griffel(!)
gegen:ueber : d:er straßen=graben / , / & schon fuehlen die zaehne 1:same
                    kopf:steine zwischen 2:samen karossen(.)
prustiger (ab-)gang d:es im kotz:tuempel dahin:(sie-)chenden.
zigarette, / (out) / , / <<(be-)schaemend fuer das stadt- (und) panorama=bild; // noch 1mal die 360° :
bin ich schließ(-lich) 1er von euch, // (be-)(-vor) das sch(l)afs:(ge-)zaehl beginnen kann>> :
schaf 1 (…) um schaf 2 (…) um schaf 3 (…) um schaf 4 …

troedln : quintaque

wurm:schoeßig & an:(ge-)franst / : blau:rauch:schwaden im ge(h):gang:(-e),
mal von hier / , / mal da:gegen, / dennoch (:) in:begriff(-en)(.)
da:bei, / d:er tag fing 1st richtig an / , / bahn(-te) s:ich keim(-en.de) auf:ruhr
                                          her / auf / her / ab (:)
zu 1st : vom bett=(-ge)wulst indie heim:tuecke; / so:gar (be-)pisst vor lauter
                                          gut:muetter(-lich(-keit)) :
<<kuenstlich (:) regen / :tropfen: / seifen / :rutschen: / bahnen / :traben(.) / organ (:)
                                          wild (ge-)wordner haemorrhoide, / ergo : pflockimarsch>>.
zu 2(-t) : faehr:manns:fraß : <<ei mit wurst da:zu, noch wass:er, federsamenlitanei / ; /
wie von selbst : 1 straßen:bausch in ´ner geschichte von engeln & rasern>> (…)
zu:letz(tztztz)t (:) (ge-)hupe, / stirn, / plejaden=weiß / , / letzt:(-eres) im ueber:maß(;)
1 (ge-)strandet:er papier:flieger, / gallonen voll:er sinn & scheiß´ :
                                          strandet (un-):lieb=sam (und) / viel zu hell :
die n8 / , / in der das bier und (m-)ein nach:bar / s:ich als (ver-)laessl:ich(-e)
                                          sternen:deuter ent:puppen …

a line fights against the replace- ment of another line

ESSAY

SPIELRAUM [...]
FREY SEIN, BEGEGNEN

Bastian Schneider

Bastian Schneider

* Spielraum [...] frey sein, begegnen

[die] [†] unmusze' [‡] schreibt überall[2][:]
[§] la poésie est un sport de l'extrême[3]
[also:] [‖] Schularbeiten verweigern[4] [und] [♩] Zugvögel raus[5]
[denn:] [Λ] il faut se méfier des mots[6] [–]
[Σ] endlich in fremden Wörtern[7]

[*] Wörterbuch der deutschen Sprache in der Beziehung
     auf Abstammung und Begriffsbildung von Konrad
     Schwenck, S. 425.

[†] Deutsches Wörterbuch der Gebrüder Grimm,
     Vorwort zu Band 1, Paragraph I.

[‡] Graffito in der Dominikanerbastei, 1010 Wien.

[§] Graffito von Miss Tic in der rue Mouffetard,
     75005 Paris.

[‖] Graffito in der Unteren Viaduktgasse, 1030 Wien.

[♩] Graffito an der alten Brauerei im Pilgrimstein,
     35037 Marburg.

[Λ] Kunstwerk von Ben an einer Hauswand Ecke
     rue de Belleville / rue Julien-Lacroix, 75020 Paris.

[Σ] Deutsches Wörterbuch der Gebrüder Grimm,
     Vorwort zu Band 1, B, Spalte 1055.

Auf der Suche nach Wörtern, was liegt da näher, als ein Wörterbuch aufzuschlagen? Kaum habe ich begonnen, das Vorwort des grimmschen Wörterbuchs zu lesen, bleibe ich hängen an einem wundersamen, fremd-vertrauten Wort, einem Widerhaken: *unmusze*. Ein Wort, das alles, was Dichtung ausmacht, in sich zu vereinen und zum Ausdruck zu bringen scheint. Muße oder musze, ich passe mich der Schreibweise der Gebrüder an, kennt man ja, ist landläufig bekannt, Volksmund. Die musze haben für etwas, Ruhe für Besinnliches, Sinnliches, wohl auch etwas, das der Arbeit als einer handfesten, -werklichen gegenüber steht, gleichsam als ihr Gegenteil auftritt, als das Andere der Arbeit. Und doch lese ich in der *musze* neben der *Muse*, die einen hier nicht weiter verwundern mag, auch das *Müssen* mit. Ein Drängen, ein Sich-Aufdrängen. Wie aber wird sich das erst in der *unmusze* darstellen? Die Grimms bieten mir fünf benachbarte Bedeutungen an: „1) mangel an musze oder freier zeit; 2) arbeit, thätigkeit, geschäft,

drang der geschäfte; 3) vielgeschäftigkeit, überflüssige (vergebliche) arbeit; 4) last, mühe, beschwerde, plage, unannehmlichkeit; 5) unruhiger, anderen lästig fallender mensch."

Warum also nicht einfach Arbeit? Warum dieses unheilschwangere *un* vor der musze? Und hier wird mir klar: in der *unmusze* klingt ja die *musze* immer mit. Deswegen möchte ich den fünf genannten Bedeutungen gerne eine sechste hinzufügen, einen sechsten Sinn, wenn man so will, indem ich die *unmusze* in Anlehnung an die Untiefe, die neben dem flachen Gewässer auch ein solches beschreibt, dessen Tiefe sich mit dem bloßen Auge nicht ermessen läßt, auch als eine besonders intensive *musze* verstehe, als unmäszige *musze*. Ein Wort, das in sich gegenteilige, sich gegenüberstehende Bedeutungen hervorruft und zwischen diesen fortwährend changiert. Eine ständige Bewegung wird sichtbar, „die sprachen standen nicht still", sagen die Grimms und sie stehen nach wie vor nicht still. „Was man spürt, wenn man ein Gedicht liest,

sind die Bewegungen des Gemüts." Die Bewegungen der Wörter, möchte ich Inger Christensen ergänzen. Die Wörter bewegen sich hin und her und kommen nicht zur Ruhe, nach Jahrhunderten nicht. Warum sonst lesen wir noch heute uralte Texte? Die zeitliche und räumliche Distanz zu den Vorfahren wird überwunden. Die Brisanz der Wörter und Worte bleibt im Text gespeichert und kann immer wieder abgerufen werden. „Ein Zitat ist eine Zikade. Es läßt sich nicht zum Schweigen bringen. Hat es sich erst eingestimmt, hört es nicht mehr auf", sagt Ossip Mandelstam in seinem *Gespräch über Dante*. Die vor 50, 200 oder 2000 Jahren benutzte Wendung wird im Gedicht wieder aufgegriffen und reaktiviert und steht plötzlich neben Alltäglichem, einem aufgeschnappten Wort, einem Graffito. Es schreibt sich in seine neue Umgebung ein, erfindet sich gewissermaßen neu, ohne seine Geschichte auf der Strecke zu lassen. Das Auf-, Ab-, Aus- und Einschreiben ist Handwerk. Zitat, Paraphrase und Wortklau sind probate Bindemittel im Gewebegebiet

Gedicht. Sie verengen den Textraum, die Textraumzeit, erweitern sie; und so wird in vielleicht jedem Wort immer auch das Nicht-Offenbare mitgeschmuggelt, das, was sich das Wort auf seiner Strecke einverleibt hat. Von damals nach heute, aber auch von hier nach dort, also von der einen zur anderen Sprache. Gedichte schreiben – dieser Charonsdienst. Fährmann sein von einem Fremdwort zum anderen, ausufern.

2   Die Sprache als fünfte Himmelsrichtung, die aus der entgegengesetzten Richtung, aus der sie kommt, auf sich zu hält.

3   Schreiben heißt, die Leere vor sich herschieben.

4   Das Gedicht – ein Abfallprodukt des Suchens und Findens von Wörtern.

5   Carl von Linné glaubte, daß sich die Schwalben im Winter in die Sümpfe zurückziehen, um dann im Früh-ling als Amphibien wieder aufzutauchen. Ich stelle mir diese Schwalben gerne vor: im Sommer durchtren-nen sie die Maschen der Luft mit ihrem Fiepen und ihren scharfen Flugbahnen. Selbstmörderisch stürzen sie sich von den Mauern in die Tiefe, ebenso schnell schwingen sie sich wieder nach oben – unter einen Dachfirst, wo sie sich durch das Nadelöhr von einem Loch in ihr Nest zwängen. Das Geräusch, das ihre Flügel machen, wenn sie den Lochrand streifen, ein mat-tes, raschelndes Streicheln. Weiter im Flug und weiter im Jahr. Noch ein wenig Herbst verschneiden. Und mit dem fallenden Laub fallen auch langsam die Schwal-ben zu Boden. Sie haben ihre Schnelligkeit verloren. ihre Flinkheit und Clownerie waren dem grellen Schein-werferlicht des Sommers vorbehalten. Der Novem-berregen und die Schritte der Passanten zermalmen das Laub auf den Gehwegen und Straßen zu einem brau-nen sumpfigen Morast, der die Rinnsteine verstopft. Die gefallenen Schwalben halten sich in den Gebüsch-en versteckt, eingeschlagen ins Laub; und so ver-mummt kriechen sie nun in die nahe gelegenen Sümpfe. Bald wird Schnee alles bedecken. Aber dann sind die Schwalben bereits vollkommen verpuppt. Nichts stört diesen wunderlichen Winterschlaf der Zug-vögel, die schon keine Vögel mehr sind, sie sind weiter-gezogen, haben ihre Flügel abgelegt und bilden eine neue Haut aus unter dem Panzer verklebter Federn.

6   Daß Gedichte nicht aus Ideen, sondern aus Wör-tern gemacht werden, diese Aussage Mallarmés will mir, seit ich sie das erste Mal gehört habe, nicht aus dem Kopf. Um genau zu sein, steht für mich am Anfang eines jeden Gedichts ein Wort: einerseits ganz banal als das erste und einzige Mittel, die Leere des Papiers zugleich sichtbar zu machen und zu überwinden, andererseits ganz sinnlich, indem das Wort mich anspricht, Auge und Ohr. Diesem An-sprechen geht eine ungerichtete Suche voraus. Schrei-ben ist Lesen. Lesen in seinem umfassendsten

Sinn, und ja, auch auf die Gefahr hin, den Gemein-
platz zu betreten, auf dem die Welt als Text feil-
geboten wird. Wörter überall und mittendrin ich. Wir
begrüßen einander, alte Bekannte und Fremd-
wörter, Freunde, die auf einmal anders aussehen,
Grimassen schneiden, weswegen das Auge länger
daran haften bleibt. Widerhaken durch die Pupille
getaucht, möglich, daß sich auch eine Idee in der
Netzhaut verfängt.

7 *Hemmelighedstilstanden* – so lautet der dänische Titel
einer Essay-Sammlung von Inger Christensen, der
ins Deutsche mit *Der Geheimniszustand* übersetzt wurde.
Aus dem gleichnamigen Essay stammt das oben ver-
wendete Zitat. Ein schon auf den ersten Blick fesselnder Titel, und noch fesselnder, wenn man dahinter
die Aussagen einer Dichterin von Weltrang über Dichtung erwarten darf. (Ich habe zugegebenermaßen
eine Schwäche für Poetiken, weil sie mir meistens in
all ihrer undurchsichtigen und uneindeutigen Klar-

heit aufzeigen, was ich unter einem, unter ihrem,
unter meinem Gedicht (nicht) verstehen kann. Und
so werde ich mein Leben lang auf einem merkwür-
digen Meridian um Gedichte kreisen, mich annähern
und wieder entfernen, ohne ihrer jemals völlig hab-
haft zu werden.)
Aber mehr noch als die Essays von Christensen interessiert mich zunächst der Titel, und zwar in seinem
dänischen Original: *Hemmelighedstilstanden*. Ich habe
keine Beziehung zum Dänischen, verstehe es nicht
und ehrlich gesagt hat es mich nie interessiert, wie mich
eigentlich keine der skandinavischen Sprachen je
gereizt hat. In meinen Ohren klingen sie – ähnlich wie
das Niederländische – wie Verballhornungen des
Deutschen, mit ihren komischen O- und Å-Lauten. Ich
stelle mir dann immer große blonde Menschen vor,
die die ganze Zeit O, ÅÅ, Å, O machen und diese Laute
mit einigen Konsonanten zu irgendwelchen Spaß-
wörtern formen, um sich über die Deutschen lustig zu
machen. Man möge mir meine Vorbehalte verzeihen,

und vielleicht nähere ich mich den skandinavischen
Spaßsprachen durch sie sogar, wenn ich sage, daß
mich dieses Wort, *Hemmelighedstilstanden*, in seinen
Bann gezogen hat. Nicht nur, weil man es offenbar
mit der so schönen Wendung *Geheimniszustand* ins
Deutsche trägt, sondern weil es mich in der Gegen-
überstellung mit seiner Übersetzung selbst in einen
Geheimniszustand versetzt. Das liegt wohl vor allem daran, daß mir das Wort zugleich fremd und ver-
traut erscheint. Besser: weil ich vorurteilsgemäß
im Dänischen eine Nähe zum Deutschen wittere, glaube
ich bereits auf den ersten Blick zu verstehen, was
das Wort heißt. Aber das stimmt nicht. Und auch die
Übersetzung *Geheimniszustand* läßt einiges zurück,
was ich in *Hemmelighedstilstanden* mithöre. Dabei ist
interessant, daß ich weder das Geheimnis noch den
Zustand höre. Ich zerteile beim Sprechen das Wort und
vollziehe die Bruchlinie nach der vierten Silbe, nach
hed. Danach fahre ich mit *stilstanden* fort. Stillstand
also? Vielleicht der Zustand, in den ich vor der *Hem-*

melighed versetzt werde? Aber was ist für meine deutschen Augen und Ohren eigentlich die *Hemmelighed*? In Anlehnung an die Übersetzung des Titels gelange ich bald zu Wörtern wie heimlich oder heimelig, aber auch der Himmel drängt sich mir auf. Der Stillstand des Himmels demnach? Trenne ich nun die *Hemmelighed* ihrerseits auf, erhalte ich *Hemme* und *lighed* und lese englisch: *light*, Leichtes und Licht. Aber so leicht kann es nicht sein, geht diesem Licht das *Hemme* voraus, die Hemmung. Gehemmtes Licht? Aber was ist das? Um es genauer zu wissen, schaue ich nach der Bedeutung der einzelnen Wortteile. *Hemmelig* wird im Wörterbuch mit *geheim* übersetzt. Das vermeintliche Nomen dazu, die *Hemmelighed*, finde ich nur über einen Umweg bei Wikipedia: zurückgenommen und in Klammern steht es da hinter dem Wort *Covert*. Die deutsche Version des entsprechenden Artikels zeigt die *verdeckte Operation*. Also auch: das Arbeiten im Verborgenen, vielleicht auch *am Verborgenen*. Eine Art Geheim-Dienst als Dienst am Geheimen. Hier ganz

nah bei Novalis, von dem sich Christensen ja den *Geheimniszustand* geborgt hat. Novalis, der von der großen Schrift spricht, die alles in uns ist und zu der wir den Schlüssel haben sollen – Novalis wird zur Zikade und ich zum Lehrling zu Sais und andernorts. Das Abschreiben aus mir selbst, von anderen. Fleisch- und Blutschrift, Knochen-, Sehnen-, Eingeweideschrift – die verdeckte Operation am offenen Wort, an der Sprache. Das gefällt mir, und wer wollte es leugnen: die absolute Aufklärung über die Niederschrift eines Gedichts wird niemals gelingen. Täuschkörper Wort, auch daran ist zu denken. Ein Als-ob-Zustand. Diese Flimmerstreifen aus Stanniol, die den Radar unserer alltäglichen Wort-Wahrnehmung irritieren, ihn täuschen, um zuschlagen zu können. Militärisches Vokabular? Warum nicht: Dichtung ist immer auch ein Angriff auf die Vernachlässigung der Sprache im allzu Sachlichen und Ungenauen. Ein Angriff auf den Stillstand der Sprache/n, aber, siehe oben: *die sprachen standen nicht still*. Und dennoch: in der

verdeckten Operation muß der Dichter diese Bewegung der Sprache, der Wörter, denen er sich aussetzt, scheinbar anhalten, um präzise arbeiten zu können. Hier komme wieder ich auf den zweiten Teil meines Ausgangswortes und lese ihn, wie gesagt, bewußt falsch, wenn es das gibt. In diesem Falschverstehen, Geburtshelfer für manches neue Wort, drückt sich das Nicht-Stillstehen der Sprachen aus, indem ich den Still-Stand lese, deutsch lese und das Wort zerlege in: *Hemmelighed* und *Stilstanden*. Ich trenne falsch, ich seziere und setze den Schnitt zu früh, übergehe den Genitiv und stelle fest, daß mir die deutsche Übersetzung nicht paßt, obwohl sie paßt: *Hemmelighed* ist Geheimnis, *Tilstand* ist Zustand. Ein Zustand, den ich als einen Stillstand lesen will, das Zur-Ruhe-Kommen der Wortbewegung in mir. Aber es ist eben nur ein scheinbarer Stillstand der Wörter und eigentlich wohl mein eigenes unstetes Stillstehen vor den Wörtern; meine *unmusze* vor dem Gedicht.

LYRIK

WIE ICH
IN DIESER
KÜCHE

Gianna Virginia

BARBAROSSA.

Max Czollek

KALB

Christiane Heidrich

Gianna Virginia

...und wie ich in dieser küche   frage ich mich, was ich dort eigentlich...

vor mir die junge frau   a u f s i t z e n r u t s c h e n d   selbst vergessen
sich wiederholend   s c h l ä f e n r e i b e n d   mit worten
unsagbar traurig   g l ä s e r d r e h e n d   durch und durch diese
fließt es aus den pupillen   w i e s o o f t
ins nichts unter ihrem kinn   i n s h o l z h i n e i n   heraus
                                leise
                                laute betonen
                                die stimmlosigkeit

die blaue tür vor mir, an diesem anderen tisch, geschlossen, erzählt mir alte geschichten...von den stühlen, mit den
selben hellbraunen polstern und den schleifen, die nicht verhindern, dass die polster ständig auf dem boden...

was   ich   hier...   im dunklen höre ich sie wachsen, die riesenblättrige   ...   .
     ...   pflanze im innenhof, auf die der blick bei   ...   ...
     ...   ...   tag fällt und daran erinnert, zum himmel   ...
          ...   klettern zu wollen, dort etwas zu finden...

                    nicht in dieser küche, in der ich schon einmal gesessen bin
zwischen   sich   stapelnden   :::::::::::::::::::::::::::::::   zwischen türklinken und stühlen
     ...   ...   darauf warten
     ...   ...
                         an der sich drehenden tischplatte, fliehkräfte die   ...
                              wasser von der kante ...   .
                                                                ...   ...
                                   ...   .
                                   wo   wo

                    sich worte wiederholen ... ... bohnen aus dem fenster
                                   wo
                         ein springbrunnen in der küche
                                   wo
                                 meine
                    d a s m ä d c h e n w e i n t
                    ...   .
                    ...   .
                         ...   .
                              ...   ...
                         ...   .
                              ...   ...
                                   ...

                    und du nur   .   .   .

                              ich sitze hier...   ...   ...mich selbst berührend.... die blaue tür vor
     ...   ... mir...   ...dahinter das einmal bewohnte
...bei dem nächsten mädchen, wieder nicht dein   zimmer...   erzählt mir geschichten...
mädchen, wieder nicht..., wieder nur.... ... ...,   in schleifen... ... die ständig auf dem boden...
du..., nur du... , ..., ...hellbraun... ...an sich... drehende ...
                                                       fliehkräfte... erinnern... ...an... ...himmel...
                                                       zwischen denen... ich schon einmal ...
                                                       ...gesessen   bin...   ...mich   berührend...
                                                       ...wie...   ...   kanten...   ...und   nur...
                                                                              ...   .

                                                                         ...

Ich bin das perfekte Alibi.

Max Czollek

Barbarossa.

4 Gedichte

was es hier braucht, ist ein anderes feuer
als was ein kleingehackter schreibtischstuhl hergibt

oster-
spazier-
gang

und wir haben gedacht alle menschen
mit blonden haaren
hätten den krieg verloren

strahlende augenfarbe auf der wir
mit einem tretboot paddeln
fische kitzeln am bauch

schwäne sehen ihre vom hals
getrennten körper auf der suche
nach weizengeschossen

wir tragen kopfhörer
runde klammern um die augen
dann ist das alles nur halb gemeint

groß-
raum-
büro

kippe ich den orthopädischen stuhl
ist er eine schubkarre mit der ich papier
versetzen kann wie berge

mein schreibtisch eine landkarte
plateaus aus lack, trockene binnengewässer
auf der suche nach dem meer

stets erscheine ich pünktlich
hinter der muschel meines headsets
zum appell der klappernden kaffeetassen

die chefin hat gesagt ihr gefällt
wie ich zwischen topfpflanzen aufmarschiere
ein verschlafener kaiser mit rotem bart

gekommen um zu bleiben

folgendes möchte ich feiern: schnaps
parkbank, bruchsicheres glas

dass wir uns eingerichtet haben heißt
wir lösen einen rückfahrschein

erinnern zugvögel, ihre flugbewegung
über den verlusten unserer väter

in unseren köpfen die magneten außer
betrieb wie kaputte rauchmelder

in unserer küche steht ein buchentisch
den treibt es nach allen seiten

medinat weimar

denkt das einmal mitte august spiele ich die
orgeln des norddeutschen tieflands, metaphern
lichten anker, ich gebe zu ich bin dankbar

für jeden erzwungenen reim, verstopfte pfeife
gestehe, ich will diese camouflagejacke aus dem
kleiderschrank deiner eltern enteignen

ich wollte niemals am grunde der ostsee treiben
vor gdansk warf ich einen körper über bord
versicherte mich der kadavertreue weißer haie

wenn ich ‚jetzt' schreie treffen wir uns stündlich
an der überlandleitung. fragt nicht, was ihr
für euer land tun könnt, fragt nach einem vollbart

bitte bring irgendein Würfel-spiel mit

Christiane Heidrich

KALBSLIED

kalbslied liegt im wald vergraben

leder, lexika. keine idee, um wen sie fünf kronen schleppen, welche lichtung
sie antreibt, nass auf scharten zustand tanzt. sie vergreifen sich im wald, der älteste
kniefall ist endlich entzündet, gewalt kommt vor als pointe, kommt moos, totales
haar & sprechen sie mal kurz über titanic: in der tat bringt unentwegt geschichte
super zweige. wunder, stark vergrößert. hundert lieferbare zeiten, auch nymphen, sirenen
arbeiten grimmig & fallen erst recht nicht in ihre verpackung zurück. limitiertes stück,
vogelnest
innereien einer sprache, monade, machohaftes blühen, ereignis als berg. mit langsam
geplantem abstieg: wer darf das kalb, handgepflanztes sein sein? & wer muss selbstlos
ins gesagte traben? hochverehrter grund, komm näher & klick die ganze landschaft an
nordöstlich vom wissen, sehr feiner krach, zügig wachsende augen, wimpern, die immer
wieder ins medium fassen, glatzen, die türen zum als ob auflassen: monatelang.
ein partner, ein schwäbisches dorf

das all wird umbesetzt, die kronen kreisen wie von allein. sie lehnen
am gatter, farmen nachts ängste, lehnen am unbestimmten %. platzt die tube heimat
kommt grün, eine komisch schwindlige birke. behüter will die kleinste gattung gatter,
oder? oder bleiben. bleib doch, blockwart, vorfahre ratscher — akribia steht tagsüber mager
da.
etwas anders anderes, etwas anderes meinen, wie meschugge alpen, pragmatisch.
an dieser stelle überging sie der wind, verschollner pilot. aber am frühstückstisch
wachsen sie nach
als abstand
als luft
nach bedarf
…

w u r z e l n

schlagend.

Moon has set / and Pleiades: middle / night, the hour goes by / alone I lie.
(Anne Carson)

KALBALT

kiss, kissen, epileptische fläche. langes tuten vom grund, längeres kalb. sich
brüsten mit wenig gepäck. uralte minze, majas am gaumen. baden in bruch-
festem tang. es langt die hotellampe, anordnung tackert: moskau, mögliches
möbel, unwiderrufliche affirmation. starte mir doch endlich die kälber, starr

nicht so auf meine natur – stier, so nicht: wohin ich auch rase, ich grase. jede
annahme eine bewegung. löffel entfremdung, sagen, gesampelte größe. fest-
lich verklumpt, zu kleinen fiebernden köpfen, die ewig nicht abfallen. so gehts

auf sendung, blüte, accent, astronautIn einer fettigen nacht. fehler leuchten im
dunkeln als ich, ich bin ein mut mit riesiger faser. ein tier, historisch gegliedert,
strahle unschärfe ab. genau hier, lass mich genau diese ländlichkeit spüren. ver-
schwinde in einer hellblauen waage   meiner halterung schwere, speicher

für uns, dengel fell. auch fell, das zum ereignis erwacht. mein leben im präparat,
mein mole. ein leben in kichriger weite. gebiete, bandagen auf zeit. kurz auf uns
zu fallende herzen. alles öffnet sich kurz. trommel, erde, enttäusche mich – was
läuft gegen abend ins jetzt hinüber? hermeneutischer braten. musik. schlamm &

wesende tiere, ein brennender schuppen, ein massiger clan: mulden vom vortrag,
vortag tiefer abwesenheit. das laken schreibt mit, transformiert ein gerippe, bald
grippe, bald griff – spuk flackert, ernährung, brustchor, eine lampe im blühenden
kalb – glaubst mir nicht? dann schwimm, schwimm aufs getippte (klippe der ziel-
sicherheit), markiere diese leinene rippe, sprich mein ganzes gehege an, gaze.
          damn

spuck die truppe sofort wieder aus, zum shake geschüttelte pronomen. mond, der
macker, soll leuchten. teppich soll flehn. voilá, eine piste, ein planierter beweis &
du, du dürftest carven, schwester, zu wasser, zu land, aber nie zu nah dran. darfst
schaben an überaus feiner vermehrung.

KAHLES BALLETT

moon has set & wo immer du hinfasst, quillt rinde, entsteht eine chronisch gültige
landschaft, erlebt sich mein teint zum ersten mal selbst. vor den verdammten impulsen
patrouilliert unser aller armes kalb. ich steige aus übereifer, gerate ins weiche, bin punk-
tuell dominosteinchen & purer rücken, male was rein, man könnte glatt meinen, masse
sei das gegenteil von platonisch: eine idee nur von zuneigung, so muss die nähe nicht
endgültig rauswachsen, en bleu, felle müssen nichts aussagen. nicht mal nasal, toast auf
geweih, belanglos gefüllte kammern, sämtliche abschnitte klammern, wie artig, das heißt:

moon has set & tiefe muss grinsen. hat man hektisch ein gewissen aufgebahrt, futur mata,
öffnest du deinen mundschutz, zicke, doch nur vertrautes saugt sich fest, presst sich saum-
selig ins leibchen der marke weibl. gymnasial. du unterkante schwester, restlose scharte,
schaden im nacken, ungenau unter der decke gelegen, daumenkino brutal, diese packung
vergeblichkeit, verteilt mir den schoß im beet: kalk, ein label, ein bursche, bloß einer,
ein seltenes haar & kein kalb, sagst du, schläft heute allein, nicht wahr? zumindest kein k.

kahles ballett, das heißt: moon has set & aufgeblasen. deine kilometer wollt ich rasen,
lendchen verschärfen, bissiges schwämmchen erlebte den heimweg als eruption, muskulöse
utopie statt reiner verzahnung: unser tempel sollte strömen, doch verrückt, eine lücke zum
reißen – kalb peitschen & scheitern: ein tieferes wachstum zwischen gestalten & das beliebig,
schiefer, hiev mich nach norden & immer noch land, übernächtigte felder. keine renaissance

deines blicks. was übrig bleibt: schwaches monument, ein unbestimmter platz zum lachen,
körper ohne ende, gräbst du ein paar jahre um, handelt sich's plötzlich um hase, easy,
zum aufblühn aller beteiligten bitte den unhold einfrieren. unsere heldin aber glaubte
noch an maria, das heißt: moon has set & wir unterlagen dem werden ganz klar,
zogen in willkürlichkeit arg durchs gestrüpp, tournée tourette. unser warten
auf größe, auf unmengen schnee. sing sing sing aphrodite, singe & rechne.

Ich sehe mich eher außerhalb.

POETIK/ INTERVIEW

PART II OF
WHAT'S LEFT

Johanna Kliem und Johanna Wieser im Gespräch mit Dorothee Elmiger

Johanna Kliem (JK) und Johanna Wieser (JW)

Part II of What's left

Dorothee Elmiger (DE) im Gespräch

In der letzten Ausgabe befand Ernst Strouhal, wer über den Dschungel schreiben wolle, müsse wissen, welches Grün die Blätter dort haben. Jetzt hat das PROSANOVA begonnen und in einem Hildesheimer Café treffen wir Dorothee Elmiger, um festzustellen, was es gibt und wie sich darüber schreiben lässt.

JK
Bei deiner Lesung gestern – *Mutmaßungen über die Wirklichkeit*, **gemeinsam mit Wolfram Lotz – ging es auch um die Frage: Muss ich mich mit der Wirklichkeit auskennen, über die ich schreibe? Oder ist es nicht eher andersherum?**

JW
Dass sich die Wirklichkeit mit dir auskennt?

JK
Naja, wie man das Verhältnis definiert von Wirklichkeit und Schreiben. Ob ich eine Wirklichkeit schaffe beim Schreiben?

DE
Man kann die Frage ja auf verschiedenen Ebenen betrachten. Auf einer relativ konkreten Ebene hat mich das bei *Schlafgänger* stark beschäftigt, weil ich herausfinden musste, ob ich über „diese" Wirklichkeit schreiben kann, die ich nicht kenne. Also zum Beispiel über die Sicht der Flüchtlinge. Das ist ja auch etwas, worüber Wolfram gestern gesprochen hat: Kann ich über die anderen oder kann ich über Erfahrungen anderer aus meiner Warte schreiben? Darf ich das oder will ich das? Und: Ist das verantwortungs- oder pietätlos? Ich würde nicht sagen, man

kann nur über das schreiben, was man kennt, sondern man muss die Wirklichkeit behaupten in dem Text, sie aufstellen und aufbauen. Aber mit einem Bewusstsein dafür, was man da tut. Dass man etwas behauptet und dass man etwas konstruiert. Dass es nur eine abstrahierte Wirklichkeit ist.

JW
Mit einer Distanz, in der du dir dessen bewusst bist, was du tust.

DE
Genau. Ich glaube, so ein naiver Realismus – das ist dann wirklich ein Problem. Deshalb habe ich in meinem Buch auch ganz viel mit indirekter Rede gearbeitet. Um deutlich zu machen, ich kolportiere hier Geschichten, die ich nicht selbst aus meiner Erfahrung kenne, sondern ich kann sie nur wiedergeben, über drei Ecken sozusagen. Die indirekte Rede ist ein Versuch, das zu zeigen. Dass ich nicht so tun kann, als wüsste ich da Bescheid. Ich glaube, beim Schreiben weiß ich eigentlich nie Bescheid. Also, so geht es zumindest mir! Sobald ich mich an den Tisch setze, weiß ich wirklich gar nichts mehr. Ich weiß nicht mal mehr, wie man einen Satz schreibt.

JW

Es gibt ja oft die Kritik: In dem Bereich, wo du diese Welt kennst, die du beschreibst, ist alles lebendig. Und da, wo du deinen eigenen Bereich verlässt, da funktioniert es nicht mehr. Wenn du dich hinsetzt, ist da keine Realität mehr, sondern sie ist zu erschaffen.

JK

Das war schon für dein erstes Buch *Einladung an die Waghalsigen* wichtig, oder?

DE

Das Erschaffen der Realität?

JK

Dass man erstmal schauen muss, was alles da ist.

DE

Was die zwei Schwestern tun, ist, dass sie eine Bestandsaufnahme machen und schauen, welches Material oder welche Bausteine sie haben und was sie dann damit machen können. Oder wie sie das verwenden können. Oder was sie wegschmeißen müssen. Und vor allem, wenn man dies – wie die zwei Schwestern – nicht allein tut, muss man sich auf eine Vorgehensweise, auf bestimmte Kriterien einigen: Welches Ziel verfolgen wir hier?

JK

Was ich bei beiden deiner Bücher spannend finde, ist, dass es immer eine Konzentration auf das Wichtige gibt: keine riesige Rahmenhandlung, die erklärt, warum die Figuren reden, sondern sie reden einfach. Über das, was wichtig ist. Aber in *Schlafgänger* gibt es sogar in einer Figur etwas, das man als Reflexion lesen könnte: Die Schriftstellerin schreibt in einem Brief, sie habe nach dem Gang durch den Wald ihre Arbeit an dem Text, der die Grenze behandle, verworfen, sie sei Schriftstellerin und der Umstand, dass die missliche Lage an ebendieser Grenze ihr schriftstellerisches Kapital darstelle, sei unerträglich, es sei schon äußerst dreist von ihr gewesen, überhaupt eine Reise in diese Gebiete zu unternehmen. Gab es bei *Schlafgänger* stärker diese Trennung: Ich habe ein Thema und bearbeite es?

DE

Man könnte sagen, ich sei bei *Schlafgänger* von konkreteren, greifbareren Fragen ausgegangen: Ich habe mich stark mit dem politischen Geschehen in der Schweiz und insbesondere mit der Asyl- und Migrationspolitik beschäftigt und den ganz konkreten Konsequenzen, die sie haben. Obwohl dieser Ausgangspunkt also stärker in der Gegenwart verhaftet war, habe ich gemerkt, dass es mir nicht möglich ist, über ein „Thema" zu schreiben. Was ist denn ein „Thema"? Ich musste das öffnen und viel größer oder weitläufiger machen, deshalb gehe ich zum Beispiel auch in der Zeit zurück, ins neunzehnte Jahrhundert. Der Text ähnelt in dem Vorhaben dann eigentlich wieder dem ersten Buch. Nur der Ausgangspunkt war vielleicht greifbarer. Als ich angefangen habe zu schreiben, bin ich zuerst ganz nah am Jetzt geblieben und habe dann gemerkt, dass ich, wenn ich so verfahre, eigentlich nur wiedergebe, was man sowieso schon hört und sieht und was passiert.

JW

Du hast gestern von den Grautönen gesprochen als Unterschied zwischen Politik und Kunst und an diesem Punkt besteht ja auch die Möglichkeit, Grautöne einzufügen.

DE

Ja, genau. Speziell bei der Migration ist es sehr wichtig, zu sehen, dass es solche Bewegungen zu jeder Zeit gab und dass sie in unterschiedliche Richtungen verliefen. Deswegen ist es in diesem Fall besonders interessant, das zeitlich zu öffnen. Aber auch das im Text stattfindende Gespräch zu öffnen und komplexer werden zu lassen als das Gespräch, das in der Öffentlichkeit stattfindet. Ich habe viel mit Zitaten gearbeitet und gemerkt, dass ich sie nicht einfach so verwenden kann, sondern sie müssen in diesen Text auf eine Art verwoben werden, die einen neuen oder einen klareren Blick darauf erlaubt. Es muss mehr sein als Wiedergabe, das wäre fatal.

JK

In Zusammenhang mit *Einladung an die Waghalsigen* hast du, glaube ich, einmal von der Notwendigkeit gesprochen, sich zu verbünden. Bei deiner Lesung gestern Abend war die Halle voller Menschen. Nimmst du Ereignisse wie das PROSANOVA als produktiv wahr in dem Sinn, dass sich ähnlich Interessierte über etwas Wichtiges austauschen?

DE

Ich weiß es nicht genau. Als schreibende Person bin ich dann doch eher eine Einzelgängerin und bewege mich weniger in diesem Kosmos. Aber es ist toll, hier zu sehen, dass dann plötzlich so viele Leute in dieser Halle sitzen, also dass die einfach da sind. Oft ist es ja auch so, dass niemand da ist (*lacht*). Es ist schön, das zu sehen und auch die Leute zu sehen, die ich ja sonst nicht zu Gesicht bekomme, wenn sie die Bücher lesen.

JK
Zurzeit gibt es eine Debatte darüber, wie der Betrieb das Schreiben Einzelner beeinflusst. Wie ist dein Verhältnis zum Literaturbetrieb?

DE
Um an diesen Debatten aktiver teilzunehmen, fehlt mir einerseits die Zeit und andererseits berühren sie meine Fragen ans Schreiben und die Literatur nur bedingt. Ich finde, diese Diskussionen haben ja oft einen Kern, der wichtig oder interessant ist, aber dann geht es in diese Waschmaschinentrommel und immer weiter. Für mich ist die Frage dann: Inwiefern hilft diese Debatte weiter, oder bewegt sie sich nicht auch schon an diesem Ort auf der Stelle, auf den die Kritik eigentlich abzielt? Ich finde schon, dass das Nachdenken über das Schreiben und die Theorie sehr wichtig sind. Aber es gibt Orte, an denen ich das ganz gut kann und andere Gefäße oder Orte, die ich dafür nicht so geeignet finde, weil es dann plötzlich eher darum geht, sich mit einer Meinung zu profilieren.

JK
Gibt es etwas, das dich daran hindert, zu schreiben, was du willst? Oder bist du da völlig frei?

DE
Natürlich bin ich frei in dem Sinne, dass mir niemand vorschreibt, welchen Stoff ich bearbeiten kann, dass mich niemand zensuriert. In welchem Ausmaß dann der Markt wieder aussortiert, ist eine andere Frage. Aber gleichzeitig nehme ich – zum Glück – wahr, was um mich herum passiert, was gesagt und geschrieben wird. Für mich findet das Schreiben nicht in einem Vakuum statt. Und natürlich registriere ich auch, was zum Beispiel von der sogenannten jungen Literatur gefordert wird. Aber ich glaube, es wäre fatal, dann zu denken: Jetzt setz' ich mich hin und schreibe deshalb etwas über dieses oder jenes Thema, weil das ist ja so superpolitisch und gerade ein Thema, das so ganz gut läuft. Es ist eher das Trotzdem.

JK
Für mich ist es beim Schreiben immer sehr entscheidend, was es schon gibt und was mich inspiriert. Was nimmst du so Spannendes wahr zurzeit?

DE
Ich hab erst ein paar Seiten gelesen, im Zug hierher, aber was ich sehr interessant finde, ist dieses neue Buch von Zadie Smith (*London NW*). Die formalen Aspekte des Textes haben mich überrascht und gleichzeitig gefällt mir die Sprache, die sehr stark gearbeitet ist. Die Form erlaubt es Smith, seitenlange Dialoge zu schreiben, die überzeugen. Sonst lese ich vor allem ältere Texte. Ich habe jetzt so einen Proust-Lesekreis (*lacht*) mitgegründet. Aber es geht eher schleppend voran. Ich lese nicht so viele Neuerscheinungen. Ursprünglich dachte ich mal, ich muss irgendwie so von vorne anfangen und alles lesen. Dann bin ich natürlich irgendwo stecken geblieben. Ich bin auch wirklich eine sehr unordentliche Leserin. Ich lese hundert Bücher gleichzeitig und keines zu Ende, aber es gefällt mir ganz gut, so zu lesen. Was lest ihr denn so?

JW
Ich hab grade zum wiederholten Mal *Abbitte* von Ian McEwan gelesen und bin völlig begeistert. Ich habe anders als manche andere Leute überhaupt kein Problem mit erzählenden Texten.

DE
Ich finde oft die Texte interessant, die ein bisschen anders funktionieren. Ich lese selbst viele erzählende Texte, aber als schreibende Person finde ich das einfach wahnsinnig langweilig: zu schreiben: „Er stand auf, zog seine braunen Schuhe aus und ging dann aus dem Haus…" Ich will einfach nicht jeden Schritt mit einer Figur mitgehen müssen. Ich habe zwar ab und zu diesen Traum von einem proustschen Werk (*lacht*), das ich aber natürlich niemals schreiben könnte und werde.

tölpel
Dü
macht
Trä
zum Sc

hafter
kel
seinen
ger
hnösel.

PROSA

HOMO HOMINI ZOMBIE
Paul Klambauer

DER SEDADOROMAN UND SEINE ÜBERSETZUNGS-PROBLEME
Timo Brandt

MIT SPECK
Ianina Ilitcheva

AUSSEN/TAG
Saskia Warzecha

Paul Klambauer

HOMO HOMINI ZOMBIE

„Ich schwöre dir, wenn ich noch *ein* Gedicht ertragen muss, in dem irgendein Lasse oder Jens seine Fingerkuppen über Borke gleiten lässt, raste ich aus", schnaubt Schinkinger auf dem Laufband neben mir, „beim nächsten Mal springe ich auf die Lesebühne hoch und stopf' dem das Manuskript in sein dämliches Maul rein!"

Schinkinger schwitzt und stampft wie eine Dampflok, rote Flecken sprießen auf seinem Hals. „Und wie diese Typen immer vorlesen. Als wären sie in der Kirche", sagt er bitter, und macht dann ziemlich gekonnt einen jungen Kerl nach, der gestern Abend im Literaturcafé seinen neuen Gedichtband *Wolkentier* vorgestellt hat.

„Wir sind Jahrmarktspferde in einer / Taucheruhr Spritzwasser / Fest reicht für / uns nicht Meer nicht / Sommerdunst auf Kinderbrillen..."

Schinkinger kann sich das so gut merken, weil er früher selbst Lyrik gemacht hat und sogar einige Stipendien damit abräumte. Dann wurde er immer fetter und sein Literaturagent ließ ihn fallen. Seither versucht er, sich neu auf dem Markt zu positionieren, als Mann von der Straße, der Sprüche klopft und die Gesellschaft von unten beschreibt. Ich trainiere gerne mit ihm, weil er dicker und dümmer ist als ich. In seiner Gegenwart kann ich mich normalerweise entspannen.

Heute nicht. Heute laufe ich im vollen Bewusstsein, dass Baselitz irgendwo in der Nähe sein Aufwärmprogramm absolviert und mich dabei beobachtet.
Seitdem ich mich bei der Bewerbung um den Wolfsburger Stadtschreiber gegen ihn durchgesetzt habe, ist er nicht gut auf mich zu sprechen.
„110 Kalorien", stöhnt Schinkinger und starrt auf das Display seiner Tretmühle, „das ist ein halbes Bounty. Mein Körper kann diese Tortur zehn Minuten lang mit einem halben Bounty finanzieren."

Mir fällt auf, dass Schinkinger zum Training eine alte Badehose angezogen hat. Bei jedem seiner Schritte arbeitet sich das graue Innennetz ein kleines Stück weiter über den Gummibund vor.

„Ich habe da eine Idee für eine Kurzgeschichte", schnauft er, „sie spielt in einem Fitnessstudio, die haben ja oft vierundzwanzig Stunden durchgehend geöffnet. Nachts kommen da Leute her, die sich tagsüber gar nicht vor die Türe trauen."

„Sozialrelevanz ist immer gut", murmele ich. Mein Hinterkopf kribbelt. Ich versuche in den verspiegelten Wänden einen Blick auf Baselitz zu erhaschen, aber kann ihn nirgendwo entdecken.

„Das Setting ist extrem gegenwärtig", sagt Schinkinger, „die Leistungsgesellschaft...", er hat nicht genug Luft, um den Satz auszuformulieren, „...Symbolik!"

„Schon gut", sage ich, „Erzählhaltung, Plot, Länge?"

Schinkinger reduziert seine Bandgeschwindigkeit auf Gehtempo.

„Auktoriale Erzählung, so ungefähr zwölf Seiten. Der Protagonist ist ein abgehalfterter Bodybuilder, der in den Neunzigern mal Erfolg hatte. Mittlerweile ist er total runtergekommen und schiebt Nachtschichten in einem Fitnessstudio."

„So ein Mickey-Rourke-Typ?", sage ich, „Wie in *The Wrestler*?"

„Genau! Stell dir einfach diesen verwitternden Fleischberg im Neonlicht vor. Die Nacht presst gegen die hohen Fenster des Studios. Es ist das einzige hell erleuchtete Gebäude weit und breit, wie in dem berühmten Gemälde von diesem Café, du weißt schon, das an der Ecke. Der Fitness-club als die ... Autobahnkirche des ... Neoliberalismus."

Auf den schiefen Vergleich ist er stolz, das merke ich an der kurzen Pause, die er danach einlegt. Schinkinger hat mir gegenüber Minderwertigkeitskomplexe, seit er es bei der Ausschreibung des Wolfsburger Stadtschreibers nicht einmal in die engere Auswahl geschafft hat.

„Jedenfalls", sagt er, „die Mutter von diesem Bodybuilder, ich nenn ihn jetzt auch einfach mal Mickey, die sitzt im Knast, weil ihr Bullterrier das Gesicht von Mickeys Ex gefressen hat. Mickey und seine Mutter haben ein schwieriges Verhältnis."

Schinkingers Figuren haben immer ein schwieriges Verhältnis zu ihren Müttern, weiß der Himmel, was er aufzuarbeiten hat.

„Er sitzt also um vier Uhr früh hinter dem Empfangspult des Studios, kein einziger Kunde ist da, und Mickey blickt auf sein Leben zurück. Die Wettbewerbe, den Ruhm, den ganzen Sex. Nicht mal den kann er noch haben, weil seine Eier durch die Testosteronpräparate auf Rosinengröße zusammengeschrumpelt sind. Er schaut alte Fotos an, auf denen er noch ein öliger Halbgott ist. Dann zieht er sich nackt aus und betrachtet sich lange im Spiegel. Hast du dieses neue Bild von Schwarzenegger am Strand gesehen? Wie der jetzt aussieht! Als ob er schmelzen würde, wirklich eklig, überall hängen die Hautlappen von ihm runter. Unserem Mickey geht es da nicht besser, und außer seinem Körper, da hat er ja nichts mehr auf der Welt. Keine Familie, keine Freunde, niemand, der ihn vermissen würde. Er steckt sich die Nachtwächterknarre in den Mund rein, nur mal um auszuprobieren, wie das so ist. Und während er gerade bei sich denkt, dass es sich gar nicht so übel anfühlt, hört er ein Geräusch. Klingt, als ob jemand mit dem Strohhalm zwischen Eiswürfeln rumschlürft, du kennst das. Niemand will mit so einem Strohhalmgeräusch im Ohr sterben. Er geht also nachsehen, er läuft die Gerätereihen ab, aber da ist niemand. Schließlich kommt er auf die Idee, in den Damenbereich zu gehen, den abgetrennten Hantelbereich hinter dem Sichtschutz...", Schinkinger senkt seine Stimme, „... und dort sieht er..."

„Kannst du schon vergessen, Schinkinger", sage ich, „mit solchen Suspensespielchen nimmt dich doch keiner ernst. Das ist ja eher was für Bastei Lübbe. So schreibt man heute nicht mehr."

Den Wolfsburger Stadtschreiber zum Beispiel habe ich mit einem extrem selbstreferentiellen Text gewonnen, auch wenn ich Schinkinger jetzt keine Details verraten kann, sonst klaut er mir am Ende noch was.
Darin ging es um einen jungen Autor, der auf einer Künstlerparty eine dieser Frauen trifft, die sich an den Schläfen die Haare abrasieren. Sie sprechen über Magersucht und Psychiatrieaufenthalte, hohe Decken, alte Fahrräder, Dünen, Tee, Beziehungsprobleme, Apps, Analogfotografie, hopsende Klaviermelodien, Guerilla Knitting, Sonntagvormittag tanzen gehen, Guerilla Gardening und einen Film über einen Berliner Idioten, der es einfach nicht schafft, sich einen Kaffee zu besorgen. Dazu schluckt der junge Autor alles durcheinander, was die Party an Drogen hergibt und

gerät davon auf einen fürchterlichen Horrortrip. Er flüchtet aus der Wohnung und stolpert halluzinierend durch Berlin. Die Häuser sind in bunten Farben eingestrickt, die Straßen verwandeln sich in reißende Flüsse aus Wolle, in jedem Fenster sitzen rauchende Mädchen in weißen Strumpfhosen und schnipsen ihre glühenden Kippen nach ihm. Bald steht das ganze Viertel in Flammen. Völlig verstört klettert der junge Autor auf eine Straßenlaterne und bleibt bis zum Morgengrauen dort oben hocken. Erst als die Sonne aufgeht und die Wirkung der Drogen endlich nachlässt, kommt er wieder runter und begreift: Ich muss raus aus diesem verstrahlten Kultursumpf. Ich brauche eine Stadt, in der es um echte Dinge, echte Werte, echte Arbeit geht; eine Stadt, in der man in der Mittagspause im Blaumann seine Brotzeit isst. Also zieht er nach... na? Genau, nach Wolfsburg. Und dort gesundet er am ehrlichen Leben bei anständigen Leuten und einem mitarbeiterfreundlichen Autokonzern, der daherkommt wie ein Familienbetrieb und, unter uns gesagt, auch eine erstklassige Stadtschreiberwohnung stiftet.
Um den Schein einer mutigen und unvoreingenommenen Juryentscheidung zu wahren, habe ich auch noch was von den türkischen Gastarbeitern drübergestreut, die dort früher mal ein bisschen ausgebeutet wurden.

Jemand klatscht mir mit der flachen Hand brutal auf den Hintern. Baselitz trägt ein ärmelloses Sweatshirt, das seine Armmuskulatur betont. Um die Stirn hat er sich ein weißes David-Foster-Wallace-Gedenkkopftuch gebunden.

„Na Jungs?", sagt er, „Wie ist das Wasser?"

„Welches Wasser", fragt Schinkinger treudoof.

Baselitz wirft einen spöttischen Blick auf das Display meines Laufbandes.

„Neun Stundenkilometer", sagt er, „so wird das aber nichts mit der Strandfigur. Komm, ich helf' dir ein bisschen." Er drückt auf den Tempoknopf und lässt die Geschwindigkeit hochschnellen. Das Band reißt mir beinahe den Boden unter den Füßen weg.

„Hehehe! Lauf, du Schweinderl, lauf!", feixt Baselitz. Kurz bevor ich das Gleichgewicht verliere, hat Schinkinger die Geistesgegenwart, auf den Notstop-Knopf zu drücken. Helle Pünktchen tanzen vor meinen Augen. „Ist alles in Ordnung bei dir?", fragt Baselitz, „du siehst ja ganz blass aus."

„Alles bestens", sage ich, und halte mich am Handlauf fest um nicht zu schwanken, „übrigens, herzliche Gratulation zum zweiten Platz beim Wolfsburger Stadtschreiber. Was war denn der Trostpreis? Amazongutschein für 50 Euro?"

„Ach ja, das. Gut, dass ich da nicht gewonnen habe. Ich hätte ja gar keine Zeit gehabt diesen Sommer", sagt Baselitz und grinst, „stellt sich raus: Ich reise da schon auf den Spuren meiner Babuschka durchs Baltikum."

„Blödsinn", sage ich alarmiert. Ein Großmütterchen aus dem Osten ist in den Händen eines geschickten Autors ihr Gewicht in Gold wert. Keine Wettbewerbsjury, kein Literaturkritiker oder Verleger kann sich dem Zauber ihrer mineralischen Weisheit entziehen – immer vorausgesetzt, der Autor kann sich auf ein autobiografisches Verhältnis zu seiner Protagonistin berufen.

„Du hast keine Babuschka, Baselitz, du bist doch Schwabe."

Baselitz tippt sich keck an die Nase.
„Baselitz, Schwabe, das kam mir immer schon verdächtig vor. Dann habe ich ein wenig recherchiert", er senkt die Stimme zu einem Flüstern. „Urgroßmutter väterlicherseits - die wurde verschleppt! Sie war eine waschechte Babuschka."

Er hält mir zum Beweis sein Smartphone mit der Mail des Literaturbeirats hin. Dreimonatiges Reisestipendium, anschließende Lesung im Literaturhaus mit Option auf eine Buchveröffentlichung. Meine Pulsuhr beginnt zu fiepen.

„Ist aber sicher auch ganz nett in Drecks-Wolfsburg!", sagt Baselitz und wirft sich das Handtuch über die Schulter, „Macht's gut, ihr Mösen, ich habe noch ein paar Eisen zu stemmen."

Zuhause lese ich sofort den Bekanntmachungstext auf der Homepage des Kulturministeriums. Baselitz hat ein brillantes Autorenfoto. Er trägt darauf große Kopfhörer um den Hals und schaut ernst und interessiert hinter die Kamera, als ob er dort etwas sehr Welthaltiges beobachten würde. Sein lockiges Haar wird vom Wind der Gegenwart zerzaust. Straßenbild und Nummernschilder der Autos geben unaufdringliche Hinweise darauf, dass er sich in einer aufstrebenden Metropole in Osteuropa befindet.

Ich muss dringend meinen Agenten wechseln. Der Versager hat mir ein Autorenportrait mit Apfelbaum im Hintergrund nahegelegt, weil provinzielle Themen angeblich wieder hoch im Kurs stehen. Ich stehe also vor diesem Apfelbaum und versuche kernig dreinzusehen, während Baselitz auf alle Regeln pfeift und frech in Osteuropa drauflosbeobachtet.

Auf seiner Facebook-Seite ist mittlerweile die Hölle los. 120 Daumen-Hochs hat er allein für den Link zu dem Videointerview bekommen, das er einem popeligen Literaturblog gegeben hat. Baselitz schlendert in dem Clip durch den Stadtpark. Sonnenlicht blitzt durch die Äste, im Hintergrund rauscht der Verkehr. Er trägt ein grobes weißes Leinenhemd und schmale braune Hosenträger zum Knöpfen, als könnte er jederzeit losemigrieren. Sehr leise und bedächtig sagt er: „Für mich ist diese Reise auch eine Reise in die Vergangenheit meiner eigenen Familie. Wer war diese Frau, die ich meine Urgroßmutter nenne? Wie hat sie gedacht und gefühlt? Hat sie geliebt? Hat sie verziehen? Ich glaube, dass wir verpflichtet sind, uns mit diesen Fragen auseinanderzusetzen. Schreiben ist für mich ja auch immer ein poetisches Freilegen von Wahrheitsschichten." Er legt den Kopf ein wenig schräg und blickt nachdenklich in die Kamera. „In vielen Dingen ist Erinnerung eingeschlossen wie ein Insekt in Bernstein. Wenn man zu ihnen Kontakt aufnimmt, erzählen sie uns Geschichten. Man muss nur genau zuhören. Dieser alte Steinwall hier… gut möglich, dass meine Babuschka vor vielen Jahren ihre Fingerkuppen über seinen rauen Putz gleiten ließ."
Er tatscht an einem Stück der alten Stadtmauer herum. „Da entsteht sofort ein Bild vor mir", sagt er gerührt, „ich bin mir plötzlich sicher, dass es an diesem Tag geregnet hat."

Ich muss irgendwie zurückschlagen. Hastig überfliege ich im Internet die aktuellen Wettbewerbsausschreibungen. Scheiße, Regionalbezug, Scheiße, Lyrik, Lyrik, nur ab Jahrgang 90, zu wenig Preisgeld, gar kein Preisgeld – da! Das berühmte Literaturmagazin des Instituts für

Sprachkunst in Wien bittet um Textzusendungen. Heute ist Einreichschluss, es zählt der Poststempel. Ich weiß, wie gerne Baselitz dort veröffentlichen würde, schon allein um sich bei der Releaselesung an die vielen Studentinnen ranzuschmeißen. Für einen zart gesponnenen Zerbrechlichkeitstext vom Reißbrett reicht die Zeit nicht mehr. Jetzt heißt es Risiko fahren und irgendetwas Grobes zusammenkloppen, das radikal aussieht. Schnellwahl Schinkinger.

„Hallo, mein Lieber. Sag mal, du hast mir heute ja gar nicht erzählt, wie deine Story weitergeht."

Schinkinger ist ganz baff.

„Echt jetzt? Willst du's wissen?", fragt er.

„Na klar. Also, was sieht Mickey Rourke im Damenbereich des Fitnessstudios, kurz bevor er sich umbringen will?"

„Dort sieht er einen ganz jungen Kerl, mit dünnen Ärmchen, ja? Ein richtiger Spargeltarzan, und die Langhantel liegt quer auf seinem Hals und zerquetscht ihm beinahe die Luftröhre. Da kommt das seltsame Geräusch her. Der Junge ist völlig fertig. Lag da schon zehn Minuten in Todesangst. Er hat sich zum Trainieren in den Damenbereich geschlichen, weil er kein Geld für den Mitgliedsbeitrag hat."

„Das ist gut, Schinkinger! Gut!"

Schinkinger gerät schon ganz aus dem Häuschen.

„Nicht wahr? Nicht wahr?", ruft er. „Jedenfalls muss Mickey den Jungen in die Notaufnahme bringen. Ein paar Tage später steht der dürre Kerl aber schon wieder im Fitnessstudio. Obwohl er total intelligent ist und zur Uni gehen und Jus oder Medizin studieren könnte, sehnt er sich nämlich nur danach, von seiner Mutter als richtiger Mann akzeptiert zu werden. Deshalb will er unbedingt Masse aufbauen. Sie machen also einen Deal. Mickey hilft ihm, die örtliche Bodybuilding-Meisterschaft zu gewinnen, und im Gegenzug bringt dieser Junge unserem Mickey das Lesen bei. Eine Weile läuft alles gut, ja? Sie trainieren auf den großen Wettkampf hin, der Kleine baut ordentlich Masse auf, und Mickey kann endlich die Briefe seiner Mutter aus dem Knast lesen. Der Bursche gewinnt dann auch wirklich die

Meisterschaft, aber bei der Siegerehrung kolla-
biert er plötzlich. Die Ärzte stellen eine angeborene
Arterienverengung bei ihm fest. Dadurch wird
sein hochbegabtes Gehirn bald nicht mehr ausreichend mit Sauerstoff versorgt werden. Da be-
schließt Mickey, seinem Schützling sein altes,
überdimensioniertes Bodybuilder-Herz zu
spenden. Nur das hat ausreichend Power, um die
benötigte Menge Sauerstoff durch die verengte
Blut-Hirn-Schranke in den Schädel des Buben zu
hämmern. Mickey nimmt sich also im Kranken-
haus das Leben - verstehst du, der Kreis schließt
sich - aber diesmal macht er es, um ein anderes
Leben zu retten! Vorher schreibt er noch einen Ab-
schiedsbrief an seine Mutter, und verzeiht ihr
die Sache mit dem Bullterrier. Sie bekommt Frei-
gang, und seine Mutter und die Mutter des Jungen weinen beide an den Transplantationsbetten
und lieben ihre Söhne bedingungslos."

„Verstehe", sage ich, „besten Dank."

„Hey", sagt Schinkinger, „was kratzt da so im
Hintergrund? Machst du da etwa Notizen?"

Ich lege auf. Mir bleiben zweieinhalb Stunden,
um das auf zehn Normseiten hochzuziehen.
Wird knapp, kann klappen.

Ich weiß, das ist völlig un-interes-sant für Sie.

Timo Brandt

Der Sedadoroman und seine Übersetzungsprobleme

Von der umfangreichen Literatur der überseehispanischen Trieta-Epoche sind nur wenige Werke uns noch präsent, wohl auch, weil Initiation und Abklang mittlerweile zwei Generationen zurückliegen und nur die wenigsten von uns seitdem Spanisch gelernt haben (obwohl viele behaupteten, sie wollten, wenn ich daran erinnern darf).

Die Übersetzungsrate der unter diesem Stichwort versammelten Werke ist wiederum ebenfalls sehr gering, die Qualität der Übertragungen entweder zu schlecht oder zu gut. Piennes Ramenes' dicker Punk- und Trinkerroman „Quiero ser sedado" z.B. hat bis heute eine lange Spur von Missverständnissen und einen Haufen kleiner Kriege zwischen den Verfechtern der verschiedenen Übersetzungen nach sich gezogen.

Hauptsächlich zu nennen sind hier Gottfried Hasselkröters Übertragung, die zwei Jahre nach dem Erscheinen des Originals unter Mitarbeit des ehemaligen Lektors der Karzinomgedichte von Ramenes zustande kam – und die Version von Heinrich Fillinger, der sich, mit dem bewährten Hinweis auf den Mangel an Authentizität in der ersten „traducción" 20 Jahre nach Hasselkröter mit einer Neuübertragung hervortat, die auch ein neues Kapitel, angeblich aus dem Nachlass, enthält (das Fillinger womöglich selbst verfasst hat), welches die Geschichte in einem Bürohaus voller Doppelgänger auf seltsame Art beendet; sowie ein Nachwort von Bernardo Guieterrez, das ein paar sehr possierliche Anmerkungen zur griechisch-argentinischen Tragödie enthält. (Guieterrez' eigene Übersetzung können wir getrost außen vor lassen, da seine reaktionären Übertragungsmethoden bei Stil und Wortwahl allgemein bekannt sind – man denke nur an seine Übersetzung von Herbert Quains gesammelten Werken und seine groteske Sammelauswahl von Versen aus dem Nachlass von Quevedo, wobei letztere nachweislich auf Notizen seines Freundes Pierre Menard beruhten). Diesem ganzen Disput steht der normale Leser mit seinem Wunsch nach literarisch hochwertigen

Übertragungen bisher ratlos gegenüber, und es mag auch diese Unsicherheit sein, die die Argentinophilen unserer Generation nicht zu diesem Werk greifen lässt. Ich werde versuchen, bei diesem Problem etwas Hilfestellung zu leisten.

Aber vorweg etwas zu Ramenes, mit dessen Biographie ich mich gestern sehr stark auseinandergesetzt habe. (Die Biographie ist vor fünf Jahren im deutschen Zweig des Orejas de Cerdo Verlags erschienen – ein Name, der auf Spanisch besser klingt als auf Deutsch, zumal auch noch *Cerdo ist unser Credo* dick und fett verschnörkelt unter dem Verlagsnamen steht; die häufig von hängengebliebenen Bloggern anberaumte angebliche Etablierung des Verlages in der rechten Szene hat dem Absatz von Ramenes' Biographie damals sicherlich geschadet – ebenso wie die Tatsache, dass man große Teile des Textes im spanischen Original beließ und lediglich mit Übersetzungshilfen für Fortgeschrittene versah). Ich habe all die uninteressanten Details gelesen, lasse sie hier aber beiseite, diesen ganzen Davidcopperfieldmist, und komme direkt zur Geschichte des Werkes, für das Ramenes Berühmtheit erlangt hätte, wäre es jemandem aufgefallen, der nicht zu seinen tumben Freunden oder den wenigen gesegneten Individuen, die noch einen Faible für die kompromisslose literarisch-orale Penetration haben, gehörte.

Ursprünglich trug „Quiero ser sedado" den Titel „Higado subatomic". Ein Titel, mit dem er sicherlich erfolgreicher gewesen wäre, weil das den ganzen Pessimismus des Werkes subtiler hervorgebracht hätte, vorausgesetzt, dass man sich über Titel allgemein Gedanken macht; aber sonst liest man ja auch nicht übers Trinken, sondern trinkt, wie Ramenes einmal richtig bemerkte, obwohl er da inkonsequent war, denn er tat beides und wir werden nie erfahren, was er besser konnte, denn wie bewertet man eine Leberzirrhose?
Seinen vollen Titel bekam das Werk von dem im zweiten Teil hauptsächlich beschriebenen Aufenthalt in der katalanischen Entzugsklinik „Bondat secs" (man sollte hier eben *trocken* werden; Ramenes nannte sie nur „Esperma seco") in Porjcheas (nahe Luž Villarie in der Nähe von El Daurat in den Außenbezirken von Món Meravellós), in welchen auch die großartige Episode der Mondscheinfahrt fällt, die eine traurige Berühmtheit erlangen durfte, weil Lucas Mangel-

kraut sie in vollem Umfang zitierte, bevor er die letzte Ausgabe der Übersetzungsvorschläge von Joyce zu Ezra Pounds „Cantos" in Madrid dem Feuer übergab, nachdem er literarische Aufklärungsarbeit für ketzerisch erklärt hatte. Unbekannt ist übrigens und wird ewig ein schönes literarisches Geheimnis bleiben – um auf „Quiero ser sedado" zurückzukommen – ob die Formulierung des Titels wirklich etwas mit dem Gitarrenriff von Johnny Ramone zu tun hat, also ob dieser Song, der einige Jahre später erschien, nun von dem Titel oder der Wirkung von Ramenes' Buch inspiriert wurde.

Nie wurde Ramenes' Werk mit Lowrys „Unter dem Vulkan" verglichen, was auch besser sein mag, da die Romane so wenig gemeinsam haben, wie es umgekehrt von außen den Anschein haben könnte. Dies vor allem, weil der Sedadoroman kein wirklicher Trinkerroman ist – der geläufigste Fehler, den man beim Bilden eines Vorurteils zu diesem Roman gestützt auf Sekundärlektürenschnäuzerei und die weitverbreitete Besserwissermanier in literarischen Gesprächen macht. Es ist eindeutig ein Punkroman und der größte Teil des Buches, nämlich das erste Kapitel, kann unter keine andere Bezeichnung fallen. Man könnte sagen, dass dieser erste Teil von denen, die den Roman normalerweise besprechen, völlig außer Acht gelassen wird – zugegebenermaßen wohl auch deshalb, weil viele der Beschreibungen in diesem Abschnitt von einer langweiligen Widerwärtigkeit sind, wie man sie sonst nur bei Automatensandwiches, auf S-Bahn-Haltestellen und in Romanen von Kilgore Trout findet. Aber so wird das Buch allein durch das zweite und das kurze dritte, vermutlich unfertige, Kapitel definiert, die den Verfall eines Charakters zeigen, dessen zentraler Kampf mit seinen eigenen metaphysischen Aspekten vorher stattfand, und zwar auf den Seiten 1–289.

Jedoch: Hier ist nicht der Ort, um den Ruf dieses Werkes interpretatorisch wiederherzustellen, sondern um mit einem Hinweis auf die offenkundige sprachliche Schönheit des Werkes jedem Leser überhaupt erst einmal einen Zugang zu ermöglichen, womit ich zu meinem ursprünglichen Ansatz zurückkomme: dem Vergleich der Übersetzungen.

„El hombre caminó y vomitó como un pelícano." Schon die gedankliche Transkription des ersten

Satzes legt fest, in welchem Stil der Autor seine Übertragung verfassen will. Und schon hier stellen sich dem Laienübersetzer die ersten schwierigen Fragen; denn die Eindringlichkeit, die der spanische Ausdruck für uns hat, in seinem haptischen und klanglichen Beschuss unserer Phantasie, dem Flirren unseres Adäquatgefühls, könnte schnell zu einer Fehleinschätzung bei der deutschen Betonung des Satzes führen. Wenn Hasselkröter also schreibt: „Er stolzierte und kotzte wie ein Pelikan", dann ist das sehr dekadent und voluminös übersetzt und der Satz wird breitgetreten zu etwas, das er gar nicht ist. Denn die wahre Dekadenz, das hat Ramenes ja richtig erkannt, liegt eben in der rigiden Einfachheit – das letzte Feld, auf dem man wirklich noch dekadent sein kann, gerade in einer so kolossal anmutenden Sprache wie Spanisch. „Der Mann ging und übergab sich wie ein Pelikan", Fillingers Neuinterpretation, halte ich daher für besser und zweckdienlicher; er nimmt sich weniger Freiheiten und ersetzt das allzu wissende „er" durch „der Mann". Allenfalls bei „kotzte" hätte er seinen Stolz ruhig überwinden und die Übersetzung von Hasselkröter übernehmen sollen – ein klarer Fall von übereifrig-ablehnender Haltung seinem Vorgänger gegenüber; die Kastrationsangst als Epigonenangst, Triebfeder und Stolperfalle jedes Schöpfers. Denn „übergab" ist meiner Ansicht nach eine Notlösung und zu formschief, um in den sonst so gerade und getreu ins Deutsche transformierten Satz zu passen. Interessant übrigens, dass mein Freund Benito Quastoff das Original schon nach diesem ersten Satz weglegte und sagte, es sei sehr schlecht ins Spanische übertragen worden, der Übersetzer habe wohl keine Ahnung von Grammatik gehabt.

In der Tat ist Ramenes' Stil sehr eigenwillig, was nicht nur der Muttersprachler erkennt, sondern auch gut studierte Dozenten in jahrelanger Arbeit differenziert festgestellt haben.
Erst letztens stieß ich auf einen zentralen Satz aus dem „Sedado" – in einer Doktorarbeit, die gleichzeitig ein Essay und eine Anleitung zum Lesen des Buches war. Diese Arbeit (die sich leider bereits wieder als abgeschriebenes Durcheinander erwiesen hat, ohne dass man die Quellen noch eindeutig zuordnen könnte, weshalb ich nicht weiß, wer den Satz *wirklich* zitierte) inspirierte mich erst zur Abfassung dieser Studie hier und so will ich dankbar jenen Satz, der gegen Ende des 22. Kapitels (nach der langen Schilderung der Mondscheinfahrt, bei der das Schicksal des Protagonisten sich kurz zu wandeln scheint, als er sich auf der Ebene liegend „vom Himmel sediert fühlt" – dies schön übersetzt von Hasselkröter; manchmal haben seine feinsinnigen Übersetzungen ja doch was, zumal sie eine gewisse schwärmerische Komponente in ein so düsteres Werk wie dieses zu bringen vermögen) das erneute innere Auseinanderfallen des Protagonisten markiert, natürlich bedingt durch sein Treffen mit der Fröschemörderin Paola, dieser Schöpfung, kühn wie Shakespeares Ariel, hier zitieren:

„Paola era una rata sin cola, sus labios eran como polos, olí su whisky y nos dirigimos como almas del sexo estrecho, y pasamos bajo hasta que me desperté."

Hasselkröter übersetzt so:

„Und dann Paola, dieses Wesen ohne Schwanz, ihre Lippen wie Bonbonnierebläschen, ich inhalierte Whisky mit ihr und wir trieben wie auf Fältchen durch die Herkulessäulen Geschlecht hinaus und gingen unter bis ich erwachte."

Fillinger:

„Paola war eine Ratte ohne Schwanz, ihre Lippen waren wie Lutschbonbons, ich schnupfte mit ihr Whisky und wir trieben wie auf Seelen auf die Meerenge Geschlecht hinaus und gingen unter bis ich erwachte."

Wir befinden uns in einem Zeitalter, welches, bereits nahezu unaufhaltsam, auf eine Revolution hinausläuft. Eine Revolution, in deren Verlauf das Internet viele andere Institutionen zur Bewältigung von Problemen (und was ist eine Übersetzung anderes als ein Problem) größtenteils ablöst und selbst zur größten Institution wird. Ich werde daher zusätzlich den Google-Translator diese besonders komplexe Stelle übersetzen lassen, quasi als ausgleichendes Gewicht zwischen Hasselkröters generösen Ergänzungsarien und Fillingers übergetreuem Perfektionismus:

„Paola war eine Ratte ohne Schwanz, waren seine Lippen wie Stöcke, roch seinen Whisky und ging Meerenge Sex als Seelen, und, unter, bis ich aufwachte, bestanden."

Nach eingehender Betrachtung dieser letzten Übersetzungsmöglichkeit fühle ich mich an die

Worte von Fernando Hesperes Herp erinnert, der einmal in einem anderen Zusammenhang mir gegenüber andeutete, dass Ramenes möglicherweise nur ein willkürliches, geradezu dadaistisches Buch im Sinn gehabt habe, eine Art wilden Rausch, poetisch, aber abstrakt. Natürlich haben systematische Analysen diese Annahme bereits widerlegt, aber es ist, so stellt sich nun durch die Technik heraus, durchaus interessant, den Text auf diese Art zu lesen.

Wie auch beim ersten Beispiel bin ich gewillt, Fillinger den Vortritt zu lassen, auch wenn die Formulierung „schnupfte mit ihr Whisky" doch etwas zu eindeutig-zweideutig ist und dem Subtext des Vokabulars sowie dem unterschwelligen Anklang von Vergeblichkeit (oder Satire?) in der spanischen Wortwahl nicht ganz gerecht wird. Das Wort „bestanden" fehlt mir dagegen in beiden Übersetzungen und müsste in einer Neuübersetzung (vielleicht mit einer besseren Software, die die filigranen Zusammenhänge des Ramenes-Spanisch erkennt) berücksichtigt werden. Ich fordere willige Informatikstudenten, wenn sie denn schon kein Talent für eine musische Tätigkeit erübrigen können, dazu auf, ein solches Programm zu schreiben – ich bin sicher, dass ich sie mit dieser Zeitschrift am besten erreiche.

Als letztes Beispiel ziehe ich den vielzitierten (literarisch quasi bereits heiliggesprochenen) Schlusssatz des Originals (damit meine ich die Version ohne umstrittenes Zusatzkapitel) heran:

„Los instintos lo impidieron ir – había enredaderas y él era masculino."

Der Satz wird heute meist in der Hasselkröterversion zitiert:

„Die Triebe waren sein Amboss – es waren Ranken und sie rankten um ihn, den männlichen Vertreter."

Erstaunlich, wie sich so etwas als Bild beweisen kann, nur weil man meint, es entspreche im Pathos der Klangintensität des spanischen Originals, welches doch eigentlich so nüchtern ist. Fillinger zeigt das, wiederum etwas übertrieben, in seiner Übertragung. (Laut seiner Aussage hat ihn dieser Satz mehr Zeit gekostet als alle anderen. Aber fragen Sie ihn mal, ob das wirklich so ist, oder ob es ihm nur gefallen würde, wenn es

so wäre – bei Schriftstellern kann man das nie sagen …)

„Die Triebe hielten ihn aufrecht – es waren Schlingpflanzen und er war maskulin."

Gerade am Ende, bei „und er war maskulin", zahlt sich die genaue, fast wörtliche Übersetzung des Originals nicht wirklich aus, das muss man zugeben, zumal der Google-Übersetzer ganz richtig (wurde er vielleicht mit/nach Hasselkröter programmiert?) hier „männlich" angibt. (Auch spricht Google von „Instinkten" und nicht von Trieben, aber das mag bloße Polemik sein.) Doch die schlichte Geradlinigkeit von Fillingers Version bleibt in ihrer Aufrichtigkeit alternativlos und, der Leser wird mir da zustimmen, aufgrund der realen und nicht bloß aufgebauschten Intensität jeder anderen Version vorzuziehen, vor allem solch amateurhaften wie der von Oscar Daviccici, der tatsächlich so übersetzte:

„Die Urinstinkte verhinderten ihn – er war angepflanzt und männlich."

Man sieht also, zu welchen Dingen wahrlich schlechte, über die Maßen auf das Metaphorische hoffende Übersetzungsverbrecher imstande sind.

Den „Sedado" wieder ins Bewusstsein des vielfältig interessierten Lesers zu bringen, war mein erklärtes Ziel – dabei die verwirrungstiftenden Übersetzungsrivalitäten auf die Probe zu stellen, mein wichtigstes Anliegen, um dieses Ziel zu erreichen. Ich hoffe, dass der ein oder andere, wenn er auch nicht zum spanischen Original greift, so doch nun bereit ist, Fillingers Übersetzung eine Chance zu geben. Sie ist in allen Buchhandlungen hier und in Buenos Aires, nebst dessen Umland, erhältlich – es gibt bereits viele, die in Argentinien mit dieser Übertragung Deutsch lernen, worum man sie wohl nur beneiden kann, denn sie lernen es richtig und werden keiner hasselkröterisch inspirierten, barocken Fehlinterpretation unserer Sprache anheimfallen und, Gott bewahre, einst als Autoren ein ausschweifendes und überpotenzartiges Deutsch schreiben.

33° 56.35'N, 105° 18.41'W

Ianina Ilitcheva

mit Speck

kannst du dich erinnern, als du dich vor mich hingestellt hast, kerzengerade wie ein Obelisk, und gesagt hast: „ich werde jetzt daran denken, etwas zu tun, und du hast eine Minute Zeit, zu erraten, was es ist, danach tue ich es. errätst du es nicht, wird es dich unvorbereitet treffen." das war unser zweites Date, ich hatte dich zum Essen zu mir nach Hause eingeladen. du warst erst fünf Minuten in der Wohnung, da sagtest du das zu mir. zwei Minuten später warst du völlig nackt und bliebst es die ganze Zeit. das war schön.

eine gutbürgerliche Familie, hat deine Mutter einmal gesagt, dass ihr das wärt. und ich habe diesen Ausdruck erst nach Jahren richtig kapiert, dieses „bürgerlich". bürgerlich kommt gar nicht von Bürger. so ganz verstehe ich es immer noch nicht, aber ich weiß zumindest, da ist ein Unterschied. deiner Mutter schien das wichtig zu sein.

dass deine Eltern mich gehasst haben, hast du mir nie verraten, weil ich wusste, wo sie wohnten. du hattest Angst, ich könnte ihnen auf die Fußmatte scheißen. später wurde das mein tröstendster Gedanke. wie du um deine und die Fußmatte deiner Eltern fürchtest. wie du jeden Morgen beim Reinholen der Zeitung zuerst auf die Fußmatte siehst. ich habe dich in meinen Augen lächerlich gemacht, um den Verlust ertragen zu können. jetzt tut es mir leid.

weißt du noch, als ich dir erzählt habe, eine Wahrsagerin hätte mir gesagt, du würdest nie Kinder mit mir haben wollen, weil du mich als viel zu schutzbedürftig empfindest, und wie sehr ich da geweint habe und wie du am nächsten Tag einen Kindersitz fürs Auto gekauft und eine riesige Zuckermelone hineingesetzt hast. und dann sagtest du: „das echte Kind dürfen wir aber nicht essen, okay?" das fand ich arg und doof, aber auch lieb, ich weiß nicht. das riesige Kind warst eigentlich du.

das war auch etwas, das ich nie ganz kapiert hab. wie doof du sein konntest und wie frei und unbeschwert. der Rest deines sozialen Umfelds bestand aus spießigen Wichsern, einschließlich deiner beknackten, bürgerlichen Familie. und wenn wir nicht allein waren, wenn wir mit deinen Freunden im Restaurant waren, da warst du obenrum auch ein Wichser, untenrum hast du mich begrabscht, unter der Tischplatte.

weißt du noch, das eine Mal beim Chinesen, mit Birgit und Franz, als es Sommer war und ich ein kurzes Kleid trug und du es geschafft hast, einen süßsauren Hühnerflügel unter die Tischplatte zu schmuggeln. du hast mit Franz über Hedgefonds gesprochen und mir den Hühnerflügel unters Kleid und ins Höschen gefummelt und mir zugeflüstert: „wenn du ihn bis nach

Hause bringst, darfst du mit mir machen, was du willst." zuhause angekommen hab ich dich den Flügel essen lassen, da warst du noch Vegetarier.

und dann, eine Woche später, als ich total müde von der Uni nach Hause kam und dich nackt auf meinem Esstisch liegend fand, über und über mit Speckstreifen belegt. ich habe erst gebrüllt vor Überraschung und dich überall geküsst, dort, wo Speck lag, und wo keiner lag. du hast unter meinen Liebkosungen stolz verkündet, dass du kein Vegetarier mehr sein willst, und wir beschlossen, den 21. August jedes Jahr als den Tag des Specks zu feiern. es kam bloß nie dazu.

und weißt du noch, als es den Skandal um die geschlachtete Giraffe gab und wir am nächsten Tag in den Zoo gingen, zu den Giraffen, und uns gar nicht mehr einkriegen konnten vor Lachen über unsere genialen Schlachtfantasien und über die Kochrezepte, die wir uns ausdachten. und uns einig wurden, dass man einen Giraffenhals wie einen Shrimp behandeln müsste. oben den Kopf abbrechen, entlang des Halses einen tiefen Schnitt machen, das Rückgrat bergen, sonstiges Zeug rauskratzen. dann tauchen, in eine Badewanne voll Tempurateig, und rausfrittieren. Giraffenhals-Tempura. das hat uns richtig aufgegeilt. manchmal frage ich mich, ob wir gemeinsame Interessen gehabt haben, abgesehen von Essen und Sex. vielleicht haben deine Eltern das geahnt und dich deshalb dazu gedrängt, mich zu verlassen.

und wie hat es mich überrascht, die Nachricht deiner Eltern, ich hätte beinahe losgebrüllt. förmlich, und natürlich keine Einladung zum Begräbnis, nur eine Memo, als alles schon längst vorbei war. vielleicht hattest du das so verfügt, das hätte dir ähnlich gesehen. und wie du es getan hast, das haben sie natürlich nicht hineingeschrieben.

weißt du noch, wie wir es mal besoffen auf einem Grab treiben wollten, aber keins fanden, das gemütlich aussah, überall grässliche Blumen und Engelsskulptürchen. und wie wir dann ein Dokument aufsetzten, in dem wir verfügten: auf unserem Grab soll weiches, grünes Moos wachsen und es müsste eine kleine Schatulle aus Marmor geben, in der immer frische Kondome liegen, und auf dem Grabstein sollte klein gemeißelt unser Einverständnis stehen, für jeden, der es

möchte, dort Sex zu haben, und wie wir uns vorstellten, dass unser Grab einen wahren Sextourismus auslösen würde.

deine Eltern haben den Zettel wohl nicht gefunden, auf deinem Grab wachsen stacheliger Efeu und Erika. jedes Jahr im August besuche ich dich. und muss kichern, wenn ich mir vorstelle, deine Eltern würden zufällig am gleichen Tag vorbeikommen und den Efeu mit Speckstreifen belegt vorfinden.

Dagegen kann man nur das Wissen um das supermassiv schwarze Loch im Zentrum unserer Galaxie stellen.

Saskia Warzecha

AUSSEN/ TAG

Der Punkt, an dem der Wind im Gesicht kurz von erfrischend zu unangenehm kippt, das Geräusch von Möwen. Zwanzig Menschen, die in regelmäßigen Abständen nach oben sehen, dann auf ihre Handys oder Uhren. Dann wieder nur Wind. Die Wolken dabei so, als würden sie selbst auf ihr Weiterziehen warten. Wenn der Oberbeleuchter das Grauglas gegen den Himmel hält, dann sehen ihn alle an und warten auf seine Prognose. Der Zeitpunkt, weiterzudrehen verschiebt sich immer weiter nach hinten.

Auf ihren Skriptbögen steht 14/4/2, letzte Einstellung bei Blende 8. Kleine Kreuze fürs Kopierwerk zeigen, mit welchen Shots der Regisseur zufrieden war, allesamt bei Sonne gedreht.

Einmal hat sie einen Fotofilm gesehen, einen Film, bei dem die Kamera über riesige Fotos schwenkt und das Gefühl entsteht, einen „echten" Film zu sehen, nur, dass sich nichts bewegt. Das hier kommt ihr vor wie das Negativ davon: zwanzig Stillleben, an denen alles weht.

Hinter der Absperrung, die die Crew vom Rest trennt, sieht sie jemanden joggen. Sie versucht, anhand der Geschwindigkeit, mit der sich ihr Kopf von rechts nach links bewegt, zu bemessen, wie schnell er läuft; vergisst, dass sie dazu wissen müsste, wie weit sie voneinander entfernt sind.
Nimmt die Stoppuhr, die um ihren Hals hängt, hier drehen sie fürs Kino, 24 statt 25 Bilder die Sekunde. Bis sie ihn nicht mehr sieht: 7 Sekun-

den 28, das wären 3,35 Meter Celluloid. Vermutlich hat er mehr zurückgelegt.
Etwas weiter gehen zwei im Sand: Sie hat Schuhe und Strümpfe ausgezogen, balanciert auf den Fußspitzen, er guckt im Gehen nach unten. Innerhalb der Absperrung, die nur zum Meer hin offen ist, bringen zwei Praktikanten Brötchen zum Set-Tisch, schmeißen die ungegessenen weg. Einige der Anwesenden rauchen. Dass sie trotz wetterfester Kleidung Sand von den Hosenbeinen streichen, darauf lässt sich warten wie aufs Blinzeln.

Sie setzt sich auf einen Steinvorsprung. Denkt an Almodóvar: Die Szene, als Mateo vor dem Bildschirm sitzt, der eine tonlose Aufnahme seiner Frau zeigt, kurz vorm Autounfall, die letzten Bilder von ihr lebend. Er, durch den Unfall blind, *berührt* den Bildschirm. Sie hätte damals am liebsten Szenenapplaus gegeben.
Jetzt fragt sie sich, ob das hier, wäre es ein Film, irgendwen dazu veranlassen würde, den Bildschirm zu berühren, denkt, vielleicht sie selbst, später, wenn das alles vorbei ist oder im Vorbeigehen begriffen, weiß, dass das typische Vergänglichkeitsgedanken sind, macht vorsichtshalber ein Foto zur Erinnerung.

Eine Script/Continuity ist dann gut, wenn man ihre Arbeit nicht bemerkt. Nur wenn es ruckelt, jemand in der zusammengeschnittenen Szene plötzlich mehr Wasser im Glas hat, wenn sich über die falsche Schulter gedreht wird oder die Blickachsen wechseln und Verwirrung in der

Raumorientierung des Betrachters entsteht, dann fällt auf, dass etwas nicht stimmt.

Was später im Making-of zu sehen sein wird: Sie, wie sie jetzt sagt *Nein, nicht an alles. Man muss wissen, welcher Ausschnitt eingefangen wurde.* **Die Kamera vor ihrem Gesicht ist ihr unangenehm.** *Die Schuhe zum Beispiel sind unwichtig im Close-up, außer sie verändern die Bewegung.* **Eine Aufnahme von ihrem Drehbuch, sie kennt die kurzweilige Begeisterung anderer über die Fülle an Notizen darin. Sie blättert weiter, eine Tabelle mit Zahlen neben Zahlen in Klammern.** *Die Stoppzeit einer Szene unterscheidet sich in den Cutterberichten von den Angaben fürs Produktionsbüro. Das liegt daran, dass es nach jedem „Bitte" ein paar Sekunden Reaktionszeit gibt, bis der Schauspieler zu spielen beginnt.* **Eine Handbewegung macht deutlich, dass sie weiterreden soll.** *Diese Sekunden sind für die Hochrechnungen der Produzenten wichtig, aber nicht für den Schneidetisch. Da müssen sie nur wissen, wie lang die Szene wird, nachdem die Ränder rausgeschnitten sind.* **Was sie nicht erzählt: Wie oft sie sich bei diesen Differenzen fragt, wie ein Film aussähe, der nur aus diesen Anfängen besteht, diesem „kurz-davor-Sein".**

Die Regieassistentin steht plötzlich neben ihr, fragt *Nennt Odette den Grafen jetzt eigentlich Adam oder haben wir uns auf Graf Adam geeinigt? – Nur Adam.* **Das Making-of schwenkt auf den Set-Tisch, dann auf die Absperrung, ein paar Passanten stehen davor, dann in den Himmel. Lange kann es nicht mehr dauern.**

Als gerufen wird *Ok, wir machen wieder drehfertig,* **geht sie zurück vor den Kontrollbildschirm. Die Schauspielerin fragt, während sie neu abgepudert wird:** *Winke ich dem Grafen mit dem linken oder dem rechten Arm?* **Sie antwortet** *Links.* **Versichert sich in ihren Aufzeichnungen, dass es stimmt. In weniger als fünfzehn Sekunden, sie weiß das aus Erfahrung, wird es heißen** *Ton – ...* **Der Kameramann bringt die Schauspieler in Position, das Mikrofon wird über ihre Köpfe gehalten. Ein paar letzte Funksprüche gehen durch die Headsets, Flüstern zwischen Regie und Assistenz, dann** *Ruhe bitte. Wir drehen.*

- Ton?
Der Tonmeister sieht zu den Möwen auf.
- Läuft.

- Kamera?
- Kamera läuft.
Sie merkt sich: Welches Kostüm und welche Tasche, die Haltung des Grafen, die Arme verschränkt, und über welcher Schulter die Haare von Odette jetzt liegen; wie weit die beiden voneinander entfernt stehen, der Statist mit Rucksack im Hintergrund, und wo die Ränder des Kameraausschnitts sind, Amerikanische mit Brennweite 70.

Sie hat den Finger oben rechts auf der Stoppuhr. Die Klappe wird angesagt und geschlagen. Als der Regisseur *Und bitte* **sagt, stoppt sie dieses Mal nicht mit. Sieht nur hin. Wie hell es ist: genügend Sonne für Blende 8 und wieviel Wind.**

Rauman-züge hatten gestern noch schön-geistige Streifen, Helme nur sekundä-re Funktion.

POETIK/ INTERVIEW

TITEL SIND IMMER SCHWIERIG

Lena Ures mit Andrea van der Straeten

Lena Ures (LU)

Titel sind immer schwierig

Interview mit Andrea van der Straeten (AS)

Was für ein Verhältnis haben die beiden, die Sprache und die bildende Kunst. Gemeinsam mit Andrea van der Straeten nähern wir uns dieser Untersuchung und sprechen über die Leerstellen des Unheimlichen, den Erzähler in der bildenden Kunst und Scheiß-trümmerl.

AS:

Mich hat das Verhältnis von Kunst und Literatur immer interessiert, vor allem in Hinsicht auf ein künstlerisches Arbeiten mit Sprache. Vor ein paar Jahren habe ich deshalb eine kleine Tagung zum Thema Sprache als Material organisiert – mit TeilnehmerInnen aus ganz unterschiedlichen Bereichen. Johannes Schlebrügge zum Beispiel, der ja Verleger für Künstlerbücher ist, wies dort ganz entschieden darauf hin, dass ein künstlerisches Schreiben mit literarischem Schreiben nichts zu tun habe. Das würde ich auch so sehen.

LU:
Liegt das an anderen Denkstrukturen im Vorgehen? Also an anderen Methoden oder Mustern der Auseinandersetzung?

AS:

Ja, und vielleicht auch an einem anderen Selbstverständnis oder Selbstbild? Schlebrügge beschrieb zum Beispiel Arbeiten von Künstlern mit einem bewusst fast provokant dilettantischen Umgang mit Sprache, dem sich jemand aus der Literatur nie auf diese Weise nähern würde. Das ist nur ein Beispiel von vielen. Das Bezugsfeld ist ein anderes.

LU:
Also Sprache als Material. Aber wie kann Sprache als Material dienen ohne mit ihrer Semantik die Form zu zertrampeln? Und welche Rolle spielt das heute in der bildenden Kunst?

AS:

Das Spektrum für das Arbeiten mit Sprache bei bildenden Künstlern umfasst alle Medien, nicht nur den Text als solchen, in Buchform oder als Druck. Sprache findet sich im Video, in der Fotografie, in der Malerei, der Performance und so weiter. Vor allem seit der Moderne und dann ganz extrem in der Konzeptkunst. Gerade kürzlich habe ich eine schöne Videoarbeit aus den 1960er Jahren gesehen vom Fluxuskünstler Wolf Kahlen – in seinem eigenen Museum bei Berlin: Sehr viele identische

Monitore, auf jedem sieht man den Künstler, der nur einen einzigen Satz spricht: „Ich kann sagen, was ich will." Aber jedes Mal wird ein anderes der Wörter betont, sodass sich immer aufs Neue der Sinn verschiebt.

LU:
Das klingt so, als diene die Sprache in der Kunst öfter der Dekonstruktion. Ist sie in der Literatur denn nur zum ästhetischen Schreiben da?

AS:
So schwarz-weiß würde ich das nicht betrachten. Gerade in der Kunst gibt es viele individuelle Zugänge. Mein Interesse an Sprache gilt zum Beispiel auch ganz stark der Untersuchung dessen, wie Kommunikation funktioniert. Oder auch den Bereichen der Sprache, die keine besondere Wertschätzung erfahren.

LU:
Zum Beispiel?

AS:
Lange Zeit war es das Gerücht. Dazu gab es in den 1990ern eigentlich nur soziologische Untersuchungen, keine künstlerische Annäherung. Mich interessiert zum Beispiel auch das, was als *bad language* oder *dirty words* bezeichnet wird: Fluchen, Beschimpfungen… Ein ganz wesentlicher Teil von Sprache. Mir ist keine Sprache bekannt, in der es kein Fluchen gibt.

LU:
Gebärdensprache?

AS:
Ich habe einige Arbeiten zur Gebärdensprache und mit native speakers in Gebärdensprache gemacht. Mich interessierte zum Beispiel, ob es Flüstern, Schreien oder eben Fluchen auch hier gibt. Und die gibt es tatsächlich. Das Fluchen und Beschimpfen ist auch zu sehen als Kulturtechnik. Shakespeare hat ein Cursing-Kit entworfen, das sind Kolumnen mit unterschiedlichen Wörtern, die man sich individuell zu teils hochpoetischen Flüchen zusammenstellen kann. *Thou venomed lout!* Du vergiftete Laus!

LU:
Eine sehr eloquente Wut.

AS:
Genau. Sich damit zu beschäftigen kann auch sehr vergnüglich sein. In Venedig konnte ich das im Rahmen eines Stipendiums weiter ausarbeiten und zum Beispiel Flüche sammeln. Südlich der Alpen werden die Fluchereien ja immer phantasievoller.

Ich hatte überlegt, wer am ehesten seinen Schatz an Flüchen mit mir teilen würde und dann Fischverkäufer gefragt, Gondolieri, Leute, die in einer Bar arbeiten. Aber auch Verleger und andere Intellektuelle, und natürlich auch Frauen, denn in Italien sind sehr viele Flüche sexuell konnotiert. *Che cazzo!*, zum Beispiel, das wörtlich soviel heißt wie: *Was für ein Schwanz!*, was Frauen mit der gleichen Selbstverständlichkeit wie Männer sagen, weil es eigentlich so was meint wie *Oh Scheiße* im Deutschen oder *Fuck* im amerikanischen Englisch. Es hat mich interessiert, wie sie damit umgehen.

Während ich die Flüche sammelte, stieß ich nebenbei auf ein interessantes Bild. Ich hatte mich nie für dieses Theater mit den Masken in Venedig interessiert, mich aber gefragt, wie eigentlich diese kleinen schwarzen Masken auf den sehr bekannten Gemälden von Pietro Longhi auf den Gesichtern der Trägerinnen – nur Frauen tragen diese Maske – befestigt wurden, denn man sieht keine Bänder, Schnüre oder Ähnliches. Und ich fand heraus, dass die Maske rückseitig einen Knopf hat, mit dem die Trägerin sie zwischen den Zähnen hält. Sie konnte also nicht sprechen. Sie war stumm oder sprach mit anderen schönen Teilen ihres Körpers. Also habe ich mir den Zusammenhang angeschaut zwischen der Stummheit und dem Fluchen.

Außerdem stieß ich darauf, dass vor allem vier Themenfelder das Fluchen bestimmen: Aggression, Sexualität, Verdauung, Religion.

LU:
Also alle Tabuthemen, über die es sich nicht schickt, öffentlich zu sprechen.

AS:
Genau. Auf Anhieb wollte mir anfangs auch niemand Flüche sagen. Viele waren gehemmt, haben sich nicht getraut, mir die Flüche ins Gesicht zu sprechen. Einmal standen wir vor einer Kirche und erst als der junge Mann sich mit dem Rücken zur Kirche drehte, fing er an zu fluchen, dann aber in einer wahren Wortflut, die er mir so vehement ins Aufnahmegerät brüllte, dass die Aufnahme völlig übersteuert war. Die Frauen haben Flüche überhaupt nicht ausgesprochen, sondern mir nur aufgeschrieben! Ich hatte dennoch eine stattliche Beute. Es stellte sich dann allerdings die Frage, wie man die Flüche nicht Italienisch Sprechenden verständlich macht, direktes Übersetzen funktioniert selten gut, wie in diesem Fall: „*Du schwimmendes, unter Anstrengung herausgekacktes Scheißtrümmerl!*"

LU:
Scheißtrümmerl?

AS:
Ja, Trümmerl, im Österreichischen wäre das doch ein kleines, gebogenes, vielleicht *(lacht)*, Stückchen Scheiße, das in der Donau schwimmt oder auf dem Gehweg liegt?

LU:
Das sind ja höchst poetische Flüche.

AS:
Ja, aber nicht alle! Aus diesen Recherchen ist dann ein Künstlerbuch geworden und in Folge wiederum ein Video. Und eine Zeichnung/Grafik über das Bezugsgeflecht von Maske/Fluch, Mann/Frau, Stille/Ausgesprochenem, Blickregime/Gestualität sowie Spiel/Sexualität zeigt sozusagen die verschiedenen Handlungsterrains. Ich habe für ein Sprachphänomen eine Umsetzung in einem visuellen Feld gesucht, um nicht innerhalb der Sprache zu bleiben, wie es in der Literatur wohl der Fall wäre. Sprache und Visualität treten miteinander in Kommunikation.

Für ein Projekt in den USA, eine Reinterpretation einer Ausstellung von Renee Green und Sam Durant, habe ich Textfragmente aus Gedichten genommen, die Frauen aus der politischen Gruppe *Weather Underground* in den 1960ern und 70ern geschrieben haben. Einige Gedichte enthielten viele zotige Wörter, die Frauen damals wie heute eher nicht zugestanden werden. Die Texte sind mit Laser aus Papier geschnitten, dadurch entstehen bei einigen Buchstaben Löcher, die aussehen wie Pistolendurchschusslöcher. Auf visueller Ebene wird also transportiert, was auf der auditiven Ebene passiert: aggressive Sprache als durchschlagende Gewalt. Auch oder gerade die Leerstellen werden bedeutend.

LU:
Stichwort Leerstellen: Würdest du sagen, dass in der Arbeit mit Sprache andere Leerstellen entstehen oder sie anders funktionieren als in der Arbeit mit anderen Materialien?

AS:
Produktive Leerstellen braucht es eigentlich immer, in der Literatur und in der bildenden Kunst. Etwas Unbeschriebenes, Ungeklärtes bedeutet auch eine Freiheit für die Rezipienten, und die Möglichkeit, sich dadurch der Arbeit nähern zu können oder zu müssen. Recherchiertes Material als Form allein genügt nicht, es muss immer einen künstlerischen Transfer geben sowie eben Leerstellen, sonst unterscheidet die Arbeit sich nicht von investigativem Journalismus, meiner Meinung nach.

LU:
In dem Geflecht: Recherche – Werk – Leerstelle, gerade beim Arbeiten mit Sprache, welche Rolle spielt der Titel?

AS:
Hmmm. Eine große. Titel sind immer schwierig. Wahrscheinlich für alle in der bildenden Kunst. Es gibt kaum einen Künstler, der damit keine Probleme hatte, außer Kippenberger vielleicht *(lacht)*.

LU:
Gehst du auch direkt von Literatur aus in deinen Arbeiten?

AS:
Ja, ziemlich oft sogar. Für eine, übrigens von einer Literaturzeitschrift initiierte, Ausstellung über den brasilianischen Künstler und Autor Augusto de Campos habe ich das erste Mal mit einer Gebärdensprecherin – Paulina Sarbinowska – zusammengearbeitet. Beim Gebärden hat sie den kurzen Text gleichzeitig auch interpretiert. Wenn wir sprechen, flüstern, schreien, dann spielt der Atem eine große Rolle. Aber gibt es ein Äquivalent zum Atem in der Gebärdensprache? Durch die Gebärden entstehen auch Bewegungen und kleine Turbulenzen in der Luft, wie beim Sprechen – vielleicht nur unbemerkter? Also projizierte ich das Video auf extrem dünnes Papier und um diese Fläche herum waren andere dünne Papiere, die sich leicht bewegten, wenn gebärdet wurde. Es wirkte, als würden die Gesten die Papiere bewegen, tatsächlich war es nur die Brise der für New Yorker Galerieräume so typischen Air Condition.

LU:
Gibt es Schriftsteller, die dich beeinflusst haben, die dir unabhängig von ihrer Form eine ähnliche Art von Welt oder ästhetischer Richtung gegeben haben wie bildende Künstler, die dich beeinflussten?

AS:
Oh, eine sehr interessante Frage. Beeinflussen… weiß ich nicht. Einigen fühle ich mich nahe, aber spontan würde ich sagen, sie sind alle unglaublich verschieden. Zum Beispiel Else Lasker-Schüler, dann die Frauen aus dem *Weather Underground*, Valerie Solanas, ich meine die Schriftstellerin, nicht die Warhol-Attentäterin, Blaise Cendrars, ja – vor

allem Lydia Davies! Lakonischer und verknappter kann man nicht schreiben. Ich liebe ihre Texte sehr.

LU:
Humboldt hat mal gesagt, Sprache sei das Haus des Denkens. Wie sähe dein Haus aus?

AS:
Ich glaube, mein Haus wäre ein sehr unhomogenes Gebilde, mit vielen verschiedenen Auswüchsen. Wenig rechte Winkel, viele schiefe Ebenen, tote Winkel und Ecken.

LU:
Tote Winkel wie bei Gregor Schneider, also unheimliche?

AS:
Das Unheimliche. Auch eine gute Frage, ob in meinem Haus das Unheimliche eine große Rolle spielt. Bisher vielleicht nicht. Aber darüber muss ich nachdenken. Gerade da wir vorher über Leerstellen sprachen: Der Schritt vom Geheimnisvollen ins Unheimliche ist kein großer.

LU:
Aber worin liegt die Distanz dieser zwei Leerstellen?

AS:
Genau diese Frage muss ich mir stellen. Wo fängt das Unheimliche an?

Roland Barthes stellte in seiner Auseinandersetzung mit der Fotografie die Frage: Was kann Sprache und was können fotografische Bilder? Ich habe ganz unterschiedlichen Leuten Fotografien gezeigt und sie darum gebeten, zu beschreiben, was sie sehen. Diese Beschreibungen habe ich dann im Format der Ausgangsfotografien als Text auf lichtempfindliches Papier übertragen. Die Schrift ergab wieder ein Bild, ein Schriftbild. Barthes sagt so ungefähr: *Die Sprache ist ihrem Wesen nach Erfindung; will man sie zur Wiedergabe von etwas Tatsächlichem befähigen, so bedarf es eines enormen Aufwands. Die Fotografie erfindet nicht; sie ist die Bestätigung selbst.*

LU:
Würdest du behaupten, dass es andere Denkprozesse gibt beim visuellen und beim schreibenden Arbeiten?

AS:
Umgekehrte Frage: Wie ist das bei schreibenden Personen?

LU:
Da gibt es mindestens 387 verschiedene Zugänge, aber für mich sind immer Bilder anwesend.

AS:
Die konkrete Poesie hat ja eben versucht, die Inhalte zu abstrahieren. Nicht die Dinge in kausale, lineare Strukturen zu legen, sondern mit der Sprache so zu verfahren, dass sie im Erscheinungsbild etwas anderes erzählt.

LU:
Aber muss es von da aus nicht weitergehen? Konkrete Poesie ist doch mittlerweile eingestaubt, da braucht es doch andere Mechanismen.

AS:
Ich denke, dass es da mittlerweile auch ganz andere kreative Terrains gibt. Wie schaut ein kurzes Schreiben auf dem iPhone aus? SMS-Poesie, zufallsgenerierte Texte und so weiter. Durch neue Kommunikationsmittel gibt es auch neue Formen von Sprache. Nicht nur schriftlich. Da verändert sich ständig was.

LU:
Und woran arbeitest du gerade, gibt es für dich noch offene Felder?

AS:
Als du eben das Unheimliche erwähnt hast, hat mich das aufhorchen lassen. Vielleicht nicht im Sinne eines Unheimlichen, das einen ins Schwarze zieht. Eher etwas Unheimliches, das eventuell andere Nachdenkprozesse auslöst, andere Emotionen anschubst. Aber das Arbeiten in Sprachfeldern, die schlecht angesehen werden, das bleibt mir, glaube ich, noch eine Weile.

LU:
Wenn du sagst, dass das Unheimliche vorher nicht in deinen Arbeiten vorhanden war, und man davon ausgeht, dass es vorher einen anderen gewissen Ton oder Gestus in deinen Arbeiten gab – könnte man behaupten, es wäre vorher ein anderer Erzähler gewesen als der, der nun in einem anderen Ton spricht?

AS:
Das ist eine komplizierte Frage. Wen meinst du mit Erzähler, mich als Person?

LU:
Naja, oder vielleicht eine andere Auseinandersetzung, die düsterer erzählt.

AS:

Ich weiß nicht, ob man das so genau bestimmen kann, ob die Distanzierungsleistung bei Künstlern ähnlich zu sehen ist wie beim literarischen Schreiben und der Entscheidung für einen Ich-Erzähler oder ein Erzählen in der dritten Person, das Schaffen einer Fiktion?

LU:
Ich wage zu behaupten, dass es bei deinen Arbeiten schon diesen Hebel gibt, der in eine ähnliche Denkrichtung umgelegt wird.

AS:

Ich hab mich immer schwer getan mit Einordnungen. Und auch oft in vielen unterschiedlichen Medien gearbeitet, aber dennoch irgendwann gemerkt, dass alle Arbeiten doch etwas Gemeinsames haben und es so etwas wie einen Ton gibt. Der überrascht mich oft selbst. Aber den kann ich selber nicht hören oder definieren. Dafür braucht es immer die Rezipierenden.

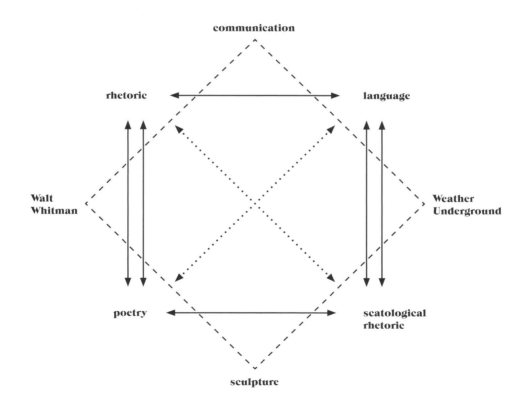

DRAMA

AMATEURE

Mathias Kropfitsch

Mathias Kropfitsch

Amateure

Szene eins. Georg, Valerie

*Matratze, darauf
eine Person (Georg),
daneben ein Wecker.
Wecker beginnt
zu läuten, Georg
streckt den Arm
aus, schlägt mit der
flachen Hand auf
den Wecker, Wecker
läutet weiter,
Georg schlägt noch
einmal drauf,
Wecker läutet wei-
ter, Georg stram-
pelt mit den Beinen,
verwickelt sich
im Bettzeug, ver-
sucht sich zu be-
freien; es gelingt
ihm nicht.*

GEORG:
Valerie!

horcht. Lauter:

Valerie!

horcht:

Va –

VALERIE
tritt auf:
Was hast denn?

GEORG:
Hilf mir, Valerie!

VALERIE
lacht:
Aber was führst denn
auf? Wie hast denn das
wieder gschafft?

GEORG:
Bin schon so aufgwacht.

VALERIE
lacht:
Nah!

GEORG:
So, wie du mich hier
siehst, bin ich auf-
gwacht.

VALERIE:
Wennst dich nur bei Tag
auch so viel bewegen
tätest wie im Schlaf…
wieso schaltest denn
dein Wecker nicht aus?

GEORG:
Geht nicht.

VALERIE:
Wie meinst, geht nicht?

*Schlägt mit der
flachen Hand auf
den Wecker.*

Was –

*Schlägt noch ein-
mal drauf, nimmt
den Wecker in
die Hand, versucht,
das Batteriefach
zu öffnen.*

So ein Graffel!

GEORG:
Valerie, jetzt hilf mir
raus, ich bin eh schon
so…

VALERIE:
Du bist eh schon so spät
dran, ja, ich weiß. Im-
mer bist spät dran. Stell
halt dein Wecker auf
sieben, hast ein Haufen
Probleme weniger.

GEORG:
Aber Valerie, ich komm
ja nie vor zwei ins Bett!
Und überhaupt, wenn
ich den Wecker auf
sieben stell, dann stell
ich ihn in der Früh
hunderttausendmal
nach, ich kenn mich
ja, und dann is erst wie-
der acht, und dann –

VALERIE:
Stellst ihn halt auf
sechs und gehst früher
ins Bett.

GEORG:
Ja, klar, das sagst du so
leicht, aber…weißt
eh, wie viel ich zu tun
hab immer, und –

VALERIE:
Weiß ich das?

GEORG:
Ja, also…

VALERIE:
Ich weiß gar nichts,
Georg. Echt, keine Ah-
nung, was du immer
zu tun hast bis so spät…
das is grauenhaft!

GEORG:
Ich kanns dir ja sagen,
wenn du unbedingt
willst, aber…

VALERIE:
DAS DA hab ich gmeint!

*Schüttelt die Hand
mit dem Wecker vor
Georgs Gesicht.*

Wieso lässt sich denn
das blöde Klumpert
nicht ausschalten!

GEORG:
Weiß auch nicht…
Valerie, komm, hilf mir
raus, dann probie-
ren wirs gemeinsam.

VALERIE:
Dann probieren wirs
gemeinsam.

GEORG:
Nein, ich hab gmeint…

VALERIE:
Du hältstn Wecker fest
und ich zieh am Ver-
schluss? Echt, Georg,
manchmal…

GEORG:
Schmeiß ihn halt
runter.

VALERIE:
Wie?

GEORG:
Den Wecker…aufn
Boden…

VALERIE:
Ja, klar, ich mach ihn

kaputt und du hast wieder wochenlang was zu meckern.

GEORG:
Ich erteile dir hiermit die Erlaubnis, den Wecker zu zerstören. Auf welche Weise du das tust, ist deine Sache; ich würds ja selber tun, aber aus Gründen, die dir ersichtlich sein dürften...

VALERIE:
Okay, gib Ruh, ich machs ja.

Schleudert den Wecker auf den Boden, gegen die Wand. Keucht.

Wie geht denn das! Was is denn das! Was soll denn das! So ein Scheißdreck! Echt, Georg, immer is so ein Stress mit dir, ich ertrags überhaupt nicht!

GEORG:
Hilf mir bitte raus.

VALERIE:
Na gut.

Greift nach dem Bettzeug, hält inne, zieht die Hand zurück.

Wolltest – mir nicht sagen, woran du so hart arbeitest jede Nacht?

GEORG:
Ja...eigentlich wollt ichs erst einmal niemandem sagen, weil ich weiß nicht, ob was draus wird, aber – sagst es eh keinem, oder?

VALERIE:
Hängt davon ab, was es is.

GEORG:
Nichts Schlimmes.

VALERIE:
Also.

GEORG:
Ich schreib was.

VALERIE:
Du schreibst was.

GEORG:
Ja, seit zwei Monaten oder so –

VALERIE:
Wieso auf einmal alle schreiben...

GEORG:
Wer schreibt denn noch?

VALERIE:
Und, was schreibst? Tagebuch, sowas? Oder Gedichte?

GEORG:
Ein Stück.

VALERIE:
Ein Stück.

GEORG:
Also...

VALERIE:
Aber Georg, du warst ja in deim Leben noch nie im Theater...zumindest nicht, seit ich dich kenn...und ein Buch hab ich dich auch noch nie lesen sehn, also, Literatur... weißt, ich glaub, das is so ein komischer Trend zurzeit, dass alle Schriftsteller werden wollen...aber

dass du da auch drauf aufspringst –

GEORG:
Aber du –

VALERIE:
Hast schon ein Titel?

GEORG:
Ja...is aber mehr ein Arbeitstitel...

VALERIE:
Und?

GEORG:
Die Liebe im Zeitalter ihrer technischen Reproduzierbarkeit.

VALERIE:
Kommt mir irgendwie bekannt vor.

GEORG:
Ja, das is, weil, da gibts so ein Text, der heißt –

VALERIE:
Ich weiß, das mein ich nicht...aber da war ja...genau!

GEORG:
Was?

VALERIE:
Die Liebe im Zeitalter ihrer technischen Reproduzierbarkeit.

GEORG:
Was is damit?

VALERIE:
Das gibts schon.

GEORG:
Wie?

VALERIE:
Ja, so ein Kurzfilm. Ziemlich scheiße.

GEORG:
Woher –

VALERIE:
Der Kurtl hat gmeint, er gibt mir was zum Lachen. Hab auch wirklich fest gelacht dabei. Aber da hast es wieder: Alle Leute meinen, sie müssen Kunst machen, und dann is alles voll mit schlechten Filmen, schlechten Büchern, schlechten Bildern, und alle denken, das is Kunst, und...WIESO KANN DIESER VERDAMMTE WECKER NICHT ENDLICH SEINE FRESSE HALTEN!

GEORG:
Weißt was, wir tun ihn unter die Matratze, da soll er dann klingeln, bis er kein Saft mehr hat.

VALERIE:
Hm.

GEORG:
Hilf mir raus, dann mach ichs.

VALERIE:
Nah, passt schon.

Hebt ein Eck der Matratze hoch, legt den Wecker drunter, lässt das Matratzeneck drauffallen. Wecker läutet weiter, gedämpft.

GEORG:
Besser?

VALERIE:
Geht.

GEORG:
Kannst mir jetzt –

VALERIE:
Wieviel hast denn eigentlich schon?

GEORG:
Was?

VALERIE:
Wie viel du schon ge-schrie-ben hast.

GEORG:
Ach so…ich glaub, fünfzehn Seiten.

VALERIE:
Okay. Du kommst um sieben heim, oder? Montag bis Freitag?

GEORG:
Ja…

VALERIE:
Kochst was, isst was…

GEORG:
Ja.

VALERIE:
Das dauert…eine Stunde?

GEORG:
Ja, sowas.

VALERIE:
Dann lernst noch zwei Stunden für deine Dingsdaprüfung…

GEORG:
Ja.

VALERIE:
Das heißt, wennst fertig bist mit Lernen, das is so um…zehn herum?

GEORG:
Ja.

VALERIE:
Und dann schreibst noch bis zwei an deim Theaterstück.

GEORG:
Ja, so ungefähr… manchmal nur bis eins.

VALERIE:
Okay. Sagen wir, du schreibst jeden Abend durchschnittlich dreieinhalb Stunden an deim Stück.

GEORG:
Ja…

VALERIE:
Und das machst seit… zwei Monaten, hast gsagt? Das heißt, sagen wir, seit sechzig Tagen, sowas?

GEORG:
Ja, vielleicht…

VALERIE:
Okay. Fünfzehn Seiten hast also schon, in sechzig Tagen, das sind durchschnittlich –

Überlegt.

durchschnittlich eine Viertelseite am Tag, das heißt, eine Viertel-seite in drei bis vier Stunden. – Jetzt versteh ichs!

GEORG:
Was?

VALERIE:
Was dein Problem ist!

GEORG:
Mein Problem?

VALERIE:
Du bist echt langsam, Georg! Also…nicht, dass ich das nicht schon gwusst hätt, aber dass du so langsam bist, hätt ich nicht gedacht…

fünfzehn Seiten in sech-zig Tagen bei durch-schnittlich dreieinhalb Stunden pro Tag, das is schon ein bissl wenig, meinst nicht?

GEORG:
Ja, vielleicht…aber das dauert halt seine Zeit, bis man die richtigen Wort – was is heut eigentlich für Tag?

VALERIE:
Samstag.

GEORG:
Samstag!

VALERIE:
Was is?

GEORG:
Es is Samstag!

VALERIE:
Ja und?

GEORG:
Ich hab mich völlig um-sonst aufwecken las-sen! Wie spät is es jetzt?

VALERIE:
Keine Ahnung.

GEORG:
Hol den Wecker raus, nur kurz –

VALERIE:
Vergiss es.

GEORG:
Bitte.

VALERIE:
Nein! Aber wart, ich hol mein Handy. Wo is deins überhaupt?

GEORG:
Keine Ahnung.

VALERIE
seufzt nach-drücklich, geht, kommt wieder:
Zehn vor neun.

GEORG:
Magst dich noch ein bissl zu mir ins Bett legen?

VALERIE:
Georg! Wir sind ge-trennt, seit neun Mona-ten, schon vergessen? Außerdem holt mich der Kurtl um zehn ab.

GEORG:
Ach so.

Befreit sich eigen-händig aus dem Bettzeug.

VALERIE:
Hab ichs dir nicht gsagt?

GEORG:
Was?

VALERIE:
Na ja, dass ich heut was mitm Kurtl mach –

GEORG
richtet sich im Bett auf:
Nein, hast mir nicht gsagt.

VALERIE:
Tschuldigung.

GEORG:
Passt schon.

VALERIE:
Wir gehn in Wald.

GEORG:
Schön.

VALERIE:
Und auf ein Berg.

GEORG:
Hm.

VALERIE:
Und in die Therme.

GEORG:
In die Therme –

VALERIE:
Weißt, wie lang ich schon in die Therme will, Georg?

GEORG:
Nein…

VALERIE:
Natürlich weißt es.

GEORG:
Nein. Sags mir.

VALERIE:
Seit über einem Jahr möcht ich schon in die Therme.

GEORG:
Ganz schön lang.

VALERIE:
Ja, das is ganz schön lang.

GEORG:
Und wieso warst nie?

VALERIE:
Wie bitte?

GEORG:
Na ja, wennst seit über einem Jahr –

VALERIE:
Keine Ahnung. Hat sich halt nie ergeben.

GEORG:
Schade.

VALERIE:
Ja.

GEORG:
Dafür gehst jetzt.

VALERIE:
Ja.

GEORG
steht auf:
Ich schau auch, dass ich in die Gänge komm.

VALERIE:
Tu das, Georg. Komm in die Gänge.

GEORG:
Scheint heut die Sonne?

VALERIE:
Die scheint jeden Tag.

GEORG:
Du weißt, was ich mein.

VALERIE:
Woher soll ich das wissen!

GEORG:
Weil ich die Frage, ob die Sonne scheint, in ihrer ganz gewöhnlichen –

VALERIE:
Eben! Woher soll ausgerechnet ich wissen, obs draußen bewölkt is oder nicht oder was auch immer! Du weißt es ja auch nicht! Also erwart nicht von mir, dass ich es weiß!

GEORG:
Normalerweise weißt du solche Dinge.

VALERIE:
Heute nicht.

GEORG:
Wieso nicht?

VALERIE:
Hab noch nicht aus dem Fenster gschaut.

GEORG:
Aber müsst das Wetter nicht gerade heute von…besonderem Interesse für dich sein?

VALERIE:
Warum?

GEORG:
Na ja, wennst wandern gehst…

VALERIE:
Der Kurtl wird schon wissen, welchen Tag er sich zum Wandern aussucht.

GEORG:
Hm.

VALERIE:
Werd endlich ein bissl selbständiger, Georg. Wennst wissen willst, wie das Wetter draußen is, dann mach halt das Fenster auf und schau.

GEORG:
Hätt ich ja gmacht…

VALERIE:
Aber du hast nicht können, weil du ans Bett gefesselt warst.

GEORG:
Ja, wortwörtlich.

VALERIE:
Dann hast dich aber eh ganz souverän befreit.

GEORG:
Ja…ich geh ins Bad.

VALERIE:
Ich pack meine Sachen.

GEORG:
Was?

VALERIE:
Für die Therme.

Beide ab.

Szene zwei. Valerie, Kurtl, Georg

Hausglocke läutet. Valerie tritt auf, läuft zur Gegensprechanlage, hebt ab.

VALERIE:
Ja, Hallo?

Unverständliches Gebrabbel.

Was? – Ja, aber um zehn, hab ich ged – ich bin noch gar nicht…was?

Gebrabbel lebhafter.

Ooooh, süß! Klar, komm rauf…musst halt ein bissl warten, aber wenn – okay, bis gleich!

Legt auf.

Ge-org!

Horcht.

Ge-org!

Horcht.

Der Kurt –

Wohnungsglocke
läutet. Valerie ab.

Valerie und Kurtl
treten auf, Valerie
trägt ein paar
Blumen und einen
Briefumschlag
in der Hand.

KURTL:
…und dann hab ich ihr
ein Ultimatum gstellt
so quasi entweder sie
überweist mir den
Rest bis nächsten Sams-
tag, oder ich stell die
Waschmaschine auf Will-
haben, dann soll sie
selber schaun, wo sie um
den Preis eine andere
herkriegt und wer ihr
die dann in den zwei-
ten Stock raufträgt – kos-
tet ja auch wieder was,
Lieferung, Anschließen,
das Ganze…was solls,
ich wart jetzt einfach bis
zum Wochenende,
und wenn sie sich bis da-
hin immer noch nicht
gmeldet hat, dann muss
ich eben…weil…
weißt eh, verarschen las-
sen möcht ich mich
auch nicht, und…aber
egal, ich brauch jetzt
erst einmal was zum
Trinken. Schon
ziemlich warm da drau-
ßen, für die Jahres-
zeit!

VALERIE:
Aber wirklich. Ich bin
heut auch schon seit
halb sieben wach, weil
ich schlaf ja jetzt im
Ostzimmer, also in dem,
was früher das Wohn-
zimmer war, und da hab
ich noch keine Vor-

hänge, und in der Früh
scheint die Sonne mir
voll –

KURTL:
Ohne Vorhänge
schläfst?

VALERIE:
Ja.

KURTL:
Is das nicht irgendwie…
hm. Und die von gegen-
über? Die sehn ja alles,
wennst dich –

VALERIE
lacht:
Nah, Kurtl, das sind
die Vorteile von einer
Wohnung im vierten
Stock. Da schaun höchs-
tens die Tauben rein.

KURTL:
Trotzdem, das geht so
nicht. Wennst magst,
montier ich dir nächste
Woche ein paar Stangen,
dann hast –

VALERIE:
Das is lieb von dir, aber
eigentlich…was willst
denn jetzt trinken? Ich
hab Leitungswasser,
Orangen –

KURTL:
Gern.

VALERIE:
Was?

KURTL:
Wasser.

VALERIE:
Ah so, ja. Dann kann
ich gleich die Blumen
einfrischen…mah,
Kurtl, die sind so was
von dings…bezau-
bernd, also echt!

Legt den Brief-
umschlag auf eine
Kommode neben
der Tür, geht und
kommt mit ei-
nem Glas Wasser
wieder.

Wart ein Augenblick,
ich geh schnell mein
Zeug fertig packen.

Valerie ab, Kurtl
nippt am Wasser-
glas, Georg tritt
auf, nur mit einem
Handtuch beklei-
det.

KURTL:
Georg! Na – ! Wie
läufts denn in unsrer
emanzipierten
Expartner-WG?

GEORG:
Hallo Kurt –

KURTL:
Lass dich anschaun…
hab dich ja eh-wig
nicht mehr gsehn! Was
machst denn die gan-
ze Zeit?

GEORG:
Ich glaub, so viel wie
jetzt hast überhaupt
noch nie von mir gsehn.

KURTL
lacht:
Kräftiger bist jeden-
falls, als ich gedacht
hab…ich mein, so bei
den Schultern und
überhaupt –

GEORG:
Ja…also…

KURTL:
Genau. Wie gehts dir
eigentlich?

GEORG:
Ja…habs heut irgend-
wie nicht aus dem Bett
gschafft.

KURTL
lacht:
Ah, das kennt jeder.

Klopft Georg auf die
Schulter.

Aber dafür is er ja da,
der Samstag! Meinst
nicht?

GEORG:
Hm…

Kurzes Schweigen.

KURTL:
Sag einmal, Georg,
läutet da irgendwo ein
Handy?

GEORG:
Was?

KURTL:
Seit ich bei der Tür
reinkommen bin, hör
ich irgendwas läuten…

GEORG
horcht:
Stimmt, jetzt hör ichs
auch –

KURTL:
Oder mehr wie ein
Wecker…is das bei
euch?

GEORG:
Nein –

KURTL
lacht:
Siehst, der Nachbar
hat auch verpennt – so
ein Schlaf hätt ich auch
gern…also ehrlich,
das könnt ich nicht,
bei dem Lärm einfach
weiterschlafen!

GEORG:
Vielleicht kommts ja von unten.

KURTL:
Von unter euch? Nah! Nie im Leben hört man das durch die...

Klopft mit der Schuhspitze auf den Boden.

GEORG:
Das mein ich auch gar nicht –

KURTL:
Was dann?

GEORG:
Von unten, von der Straße.

KURTL:
Was? Wer lässt denn sein Wecker –

Valerie tritt auf.

KURTL
zu Valerie:
Hörst das?

VALERIE
horcht:
Was?

KURTL:
Irgendwas läutet.

VALERIE:
Ja.

KURTL:
Also?

VALERIE:
Ich hörs.

KURTL:
Na, und was is es?

VALERIE:
Ah so, das is dem Georg sein Wecker.

KURTL:
Dem Georg sein –

Beginnt zu lachen.

Weil...wir warn ganz hart am Rumrätseln, was das sein könnt...und der Georg hat gmeint, wahrscheinlich kommts von unten, von der Straße, und dabei –

VALERIE
zu Georg:
Von der Straße?

GEORG:
Autoalarmanlage.

VALERIE:
So ein Schwachsinn.

KURTL:
Aber Georg! Is ja nichts, was einem peinlich sein muss! Schalt aus das Ding und fertig!

GEORG:
Geht nicht.

KURTL:
Was?

GEORG:
Lässt sich nicht ausschalten.

KURTL:
Wie, lässt sich nicht ausschalten –

GEORG:
Der Wecker hört nicht auf zu läuten.

KURTL:
Nimm halt die Batterien raus.

GEORG:
Geht nicht.

KURTL:
Was?

GEORG:
Man kann die Batterien nicht einfach rausnehmen.

KURTL:
Valerie, was zum –

GEORG:
Das Batteriefach!

KURTL
gereizt:
Was is damit?

GEORG:
Es geht nicht auf.

KURTL:
Zeig her.

Georg holt den Wecker unter der Matratze hervor und gibt ihn Kurtl, der eine Weile daran herumhantiert.

KURTL:
So ein Drecksgraffel!

VALERIE:
Hab ich auch schon gsagt.

KURTL:
Da geht überhaupt nichts.

GEORG:
Tja.

KURTL:
Skurril, so was.

VALERIE:
Ja. Oberskurril.

KURTL:
Das Einzige, was mir noch einfallen würd –

GEORG:
Geht auch nicht.

KURTL:
Du meinst –

VALERIE:
Ich habs auch schon ausprobiert.

GEORG:
Da is nichts zu machen.

KURTL:
Ja, aber –

VALERIE:
Am besten, wir tun ihn wieder unter die Matratze...

zu Kurtl:

Außerdem sind wir eh gleich weg...

KURTL:
Na dann –

Gibt Georg den Wecker zurück, der legt ihn unter die Matratze. Wecker läutet gedämpft weiter.

Aber Georg, ich versteh das nicht...

VALERIE:
Kurtl!

GEORG:
Wenns euch nicht stört –

KURTL:
Wart, Georg...bleib da, bitte.

GEORG:
Bleib da, bitte?

KURTL:
Ich hab noch eine Geschichte für dich.

GEORG:
Eine Geschichte.

KURTL:
Ja...

VALERIE:
Mah Kurtl, komm…
jetzt is schon so spät –

KURTL:
Dauert echt nicht lang.

GEORG:
Na gut. Ich hab Zeit.

KURTL:
Du kannst dich sicher
noch an die Agnes erin-
nern, oder?

GEORG:
Ja…

KURTL:
Okay. Also, die Agnes
und ich, wir haben
uns getrennt, das war
ganz kurz bevor ihr
euch…bevor ihr zwei…
auseinander…oder…
wie war das…den Paar-
status…ihr habt den
Paarstatus abgelegt,
oder? Ja…bei uns is das
alles nicht so harmo-
nisch verlaufen…viel-
leicht hast ja was da-
von mitbekommen?

GEORG:
Nope.

KURTL:
Die Valerie hat mir
sehr geholfen zu der
Zeit.

GEORG:
Ah.

KURTL:
Ich war echt am Ende,
das kannst mir glau-
ben…

GEORG:
Keine Sorge.

KURTL:
Ja…was?

GEORG:
Ich glaubs dir.

KURTL:
Ach so. Wie auch im-
mer…jedenfalls bin ich
ausgezogen und hab
ihr meine Waschma-
schine dortgelassen.

GEORG:
Deine Wasch…ma-
schine…?

KURTL:
Ja…weißt eh…die war
so wütend, dass sie
mit mir gleich mein gan-
zes Zeug aus der Woh-
nung geschmissen hat,
alles aufn Gang raus,
wie im Fernsehen…und
ich glaub, genau das
wollt sie auch, dass es
aussieht wie im Fern-
sehen…na egal, die
Waschmaschine die war
ihr dann doch ein bissl
zu schwer, um sie
mir einfach so nachzu-
schmeißen…und
als ihr Grant sich irgendwann gelegt hat –
das hat er nämlich, nach
ein paar Monaten,
also mehr oder weniger
– da haben wir verein-
bart, dass sie das Ding
behalten kann, gegen
eine Ablöse von zweihun-
dert Euro.

Georg schweigt.

KURTL:
Und?

GEORG:
Was und?

KURTL:
Is ein fairer Preis, oder?

GEORG:
Keine Ahnung.

KURTL:
Es is ein fairer Preis.
Überleg einmal! Vier-
hundert Euro kostets
im Handel; für drei-
hundert hab ichs ge-
kauft, da wars run-
tergesetzt, und nach ei-
nem Jahr, wo wirs
gemeinsam benützt ha-
ben, die Agnes und
ich, schenk ichs ihr für
zweihundert Euro.

GEORG:
Hm.

KURTL:
Das is geschenkt! Und
sogar wennst irgendwo
gebraucht eine billi-
gere findest, musst die
ja auch abholen und
in den zweiten Stock
rauftragen und so wei-
ter…also das war si-
cher ein guter Deal für
die Agnes.

GEORG:
Und was hat das mit
mir zu tun?

KURTL:
Wirst gleich sehen.
Ich hab also die Agnes
angerufen und ihr
zweihundert Euro vor-
geschlagen für die
Waschmaschine und sie
war einverstanden,
aber sie hat gesagt, dass
sie erst mit ihrer
Mitbewohnerin reden
muss, weil da hat sie
schon eine neue Mitbe-
wohnerin gehabt,
und nach ein paar Tagen
hat sie sich wieder
bei mir gmeldet und
hat gsagt, dass ihre
neue Mitbewohnerin
auch einverstanden
is mit den zweihundert

Euro, dass ihnen aber
grad das Geld knapp is
und dass sie daher gern
in Raten zahlen wür-
den. Und ich hab gesagt,
klar, kein Problem –

VALERIE:
Also Kurtl, ich würd
jetzt echt gern –

KURTL:
Gleich, bin gleich so-
weit. Wart noch einen
kleinen –

VALERIE:
Bah.

KURTL:
Bitte, Valerie…

VALERIE:
Ja, mach schnell.

KURTL:
Also gut. Nach zwei
Monaten war das Geld
immer noch nicht da,
und als ich die Agnes an-
gerufen hab, hat sie
gesagt, dass sie mir das
Geld im nächsten Mo-
nat überweist. Und der
nächste Monat is ver-
gangen, ohne dass ich
was von ihr gehört
hätt, und Geld hab ich
auch keins überwie-
sen bekommen, und
ich hab versucht, sie zu
erreichen, wochen-
lang, aber sie hat nie ab-
gehoben und auf meine
Nachrichten hat sie
auch nicht geantwortet.
Also hab ich mir die
Nummer von ihrer Mit-
bewohnerin organisiert
und die is zwar gleich
rangegangen, aber sie
hat überhaupt nicht
gecheckt, was ich von
ihr wollt.

GEORG:
So was.

KURTL:
…also zunächst einmal. Aber irgendwann, nachdem ich mein Anliegen so zirka zwanzig Mal wiederholt hab, hat sie angefangen irgendwas daherzufaseln, dass die Waschmaschine ja schon längst bezahlt is, weil als ich ausgezogen bin, da hat die Agnes einen Monat lang die ganze Miete allein zahlen müssen, also bis sie, die neue Mitbewohnerin, eingezogen is, und dass es eigentlich meine Sache gewesen wär, die halbe Miete zu zahlen, und weil ich das nicht gemacht hab, hat die Agnes die Waschmaschine behalten und wir sind quitt.

GEORG:
Aha.

KURTL:
Aber ich denk gar nicht dran, mir das gefallen zu lassen…die Agnes hat mich ja rausgeworfen! Wieso soll ich jetzt die halbe Miete bezahlen?

GEORG:
Keine Ahnung.

KURTL:
Und vor allem: Wieso sagt sie mir das nicht selber? Wir hätten ja über alles reden können, aber so…

GEORG:
Ich kapier immer noch nicht, was du damit –

KURTL:
Es geht eigentlich nur darum, dass die Menschen nicht miteinander reden, und dann kommt so was dabei raus.

GEORG:
Versteh ich nicht.

KURTL:
Also, was ich gemeint hab –

VALERIE:
Das Wandern können wir jetzt eh schon vergessen.

KURTL:
Wie?

VALERIE:
Schau einmal auf die Uhr.

KURTL
schaut auf seine Armbanduhr:
Nah, geht sich alles aus. Aber okay, wir fahrn jetzt…ich brings eh nicht rüber.

GEORG:
Schreibs auf.

KURTL:
Was?

GEORG:
Schreib auf die Waschmaschinenstory.

KURTL:
Ja, vielleicht…

VALERIE:
Der Kurtl schreibt ja auch so Zeug…

GEORG:
Ja? Warum auf einmal alle schreiben…

KURTL:
Wer schreibt denn noch?

GEORG:
Und was schreibst? Tagebuch? Oder Gedichte?

KURTL:
Ja, Gedichte…und so Kurzprosa.

GEORG:
Ah.

Kurzes Schweigen.

KURTL:
Ja, dann…hat mich gfreut, Georg…vielleicht sehn wir uns ja bald wieder, würd mich –

GEORG:
Ja, sicher.

Valerie zieht Kurtl am Arm durch die Tür hinaus. Kurtl und Valerie ab. Georg entdeckt den Briefumschlag auf der Kommode neben der Tür, zögert kurz, dann nimmt er ihn und reißt ihn auf. Zieht ein zusammengefaltetes Blatt Papier hervor, entfaltet es und beginnt, laut und skandierend vorzutragen:

Ich zähl, an deinen Fuß gelehnt, im Stillen, / wo Zeh an Zehenzwischenraum sich reiht, / die Narben, Furchen, Falten, Fältchen, Rillen, / die Nägel, die vom Nagellack befreit /

noch glänzen, und dazwischen kleine Fäden / vom abgestreiften Strumpf. Dein Abendkleid / liegt neben dir und deine Sohlen reden / in schmalen Narben zwischen Schwielen mir / von Lebensmühe und erlebten Schäden. / Am Knöchel bilden bläulich wie zur Zier / gezeichnet zwischen Schichten deiner schönen –

Spuckt aus. Steht eine Weile da, ohne sich zu bewegen, dann zerknüllt er das Papier und wischt damit seine Spucke vom Boden.

Ein kolossaler Morgen.

und denken ist nicht ein-fach.

AUTOREN

MALTE ABRAHAM

geboren 1988 in Hamburg. Studiert Sprachkunst an der Universität für angewandte Kunst in Wien, z.Zt. Aufenthalt an der Universität der Künste Berlin. Er war Stipendiat des Klagenfurter Literaturkurses 2014. Veröffentlichungen u.a. in BELLA triste, entwürfe, LICHTUNGEN und Der Greif. Er ist Redakteur bei STILL – Magazin für junge Literatur & Fotografie und Veranstalter der Lesereihe Kabeljau & Dorsch.

TIMO BRANDT

wurde 1992 in Düsseldorf geboren. Meiner Rechnung nach ist er also jetzt 22. Schreibt Lyrik, Essays, Rezensionen und Travestien. Ist ein großer Freund von Jorge Luis Borges, Joseph Brodsky und Joe Strummer, auch Arno Schmidt und jeder Art von Lyrik – falls ihr mal nicht wisst, wie ihr ein Gespräch mit ihm beginnen sollt.

MAX CZOLLEK

geboren 1987 in Berlin. 2009 Gründung des Berliner Autorenkollektivs G13. 2013–2015 deutscher Kurator für das trinationale Projekt „babelsprech" (www.babelsprech.org). Sein Debütband „Druckkammern" erschien 2012 im Verlagshaus J. Frank. Außerdem mit G13 „40% Paradies" (luxbooks 2012) und „Das war Absicht" (SuKuLTuR 2013).

MARKO DINIĆ

geboren 1988 in Wien, lebt und arbeitet als freischaffender Autor in Salzburg. Unstetes Leben pendelnd zwischen Städten wie Belgrad, Stuttgart, München und Salzburg. Seit 2008 Studium der Germanistik und Jüdischen Kulturgeschichte in Salzburg. 2012 erschien sein erster Gedichtband „namen: pfade", im selben Jahr erhielt er das Startstipendium für Literatur. Zahlreiche Lesungen u.a. beim Literaturfest Salzburg, der Frankfurter Buchmesse und dem hoergeREDE Festival. Zusammenarbeit mit dem Friedensbüro Salzburg zum Thema Identität im ehemaligen Jugoslawien. 2013 gewann er mit „Verortungen eines Kleinstadtbewohners" den exilliteraturpreis. http://bureaudugrandmot.wordpress.com

DOROTHEE ELMIGER

geboren 1985, lebt und arbeitet zurzeit in der Schweiz. Ihr Roman „Einladung an die Waghalsigen" (DuMont 2010) wurde für den Schweizer Buchpreis 2010 nominiert und mit dem aspekte-Literaturpreis für das beste deutschsprachige Prosadebüt ausgezeichnet. Im Jahr 2011 erhielt sie den Rauriser Literaturpreis. Ihr zweiter Roman „Schlafgänger" ist im Frühling 2014 erschienen.

IRIS GASSEN-BAUER

Akkordeonspielerin, Parallelweltforscherin, aufgewachsen im 2. Wiener Gemeindebezirk.

CHRISTIANE HEIDRICH

geboren 1995 in Karlsruhe. Studium an der Staatlichen Akademie der Bildenden Künste Stuttgart und am Institut für Sprachkunst Wien.

IANINA ILITCHEVA

geboren 1983 in Usbekistan, studierte Malerei an der Akademie der bildenden Künste (Meisterklasse Richter), lebt und schreibt gern in Wien.

PAUL KLAMBAUER

geboren 1986 in Linz, aufgewachsen in Freistadt. Er unterrichtet kreatives Schreiben an der Universität Hildesheim und promoviert dort über die Entwicklung von literarischem Bewusstsein bei Schreibanfängern. 2014 erhielt er den Literatur Update Preis der Bayerischen Literaturstiftung. Paul verfasst Drehbücher, Bühnen- und Songtexte und ist als Dramaturg tätig.

MATHIAS KROPFITSCH

geboren 1992 in Klagenfurt, wohn- und lebhaft in Wien, studiert Sprachkunst, schreibt nebenbei. Eine Veröffentlichung in *die Anstalten*.

LUISE MAIER

geboren 1991 in Oberösterreich, aufgewachsen in Niederbayern, war nach dem Schulabschluss mal hier, mal dort und lebt seit 2012 in Biel, wo sie studiert und schreibt.

GIANNA VIRGINIA

1990 geboren, im Elsaß aufgewachsen, lebt derzeit in Wien, schreibt auf Deutsch und Französisch, studiert Szenographie und Sprachkunst, arbeitet zwischen performativen Text- sowie Videoproduktionen.

FRANK RUF

Studium der Philosophie, Germanistik, Geschichte. In Sydney bei Radio 2SER, Dozent an der Delhi University und an der University of Nottingham. Aktuell Universität für angewandte Kunst/Wien. Veröffentlichungen in Anthologien und Zeitschriften, 2010 beim Dresdner Lyrikpreis, 2013 beim Preis für politische Lyrik lauter niemand/Berlin. Lesungen 2014 am Prosanova und beim Poesiefestival/Berlin.

MARC OLIVER RÜHLE

1985 in Dresden geboren und aufgewachsen. Lebt in Berlin. Studium der Literaturwissenschaft in Leipzig und Cagliari sowie Kreatives Schreiben und Kulturjournalismus in Hildesheim. Mitglied der Künstlergruppe ATLAS. Arbeitet als freier Journalist.

BASTIAN SCHNEIDER

1981 in Siegen geboren. Studium der Psychologie sowie der deutschen und französischen Literatur in Marburg und Paris; Studium der Sprachkunst in Wien. Literarisch aktiv seit 2003; Auftritte auf diversen Lesebühnen in Deutschland und Österreich. Veröffentlichungen von Kurzgeschichten, Gedichten und Essays u. a. in *kolik*, *Lichtungen*, *Westfalen*, *sonst nichts?*. Gewinner des *Prix du Service Culturel Des Etudiants* der Université de Sorbonne 2008. Stipendiat des Klagenfurter Literaturkurses 2013, Startstipendium des Bundeskanzleramts Österreich 2014.

ANDREA VAN DER STRAETEN

geboren in Trier, Deutschland. Sie ist bildende Künstlerin, lebt seit 1987 in Wien und leitet als Professorin die Experimentelle Gestaltung am Institut für bildende Kunst und Kulturwissenschaften an der Kunstuniversität Linz.

SASKIA WARZECHA

geboren in Peine, 1987. Seit 2013 am Institut für Sprachkunst in Wien.

SEBASTIAN WEIRAUCH

geboren 1984. Arbeit in der Behindertenpflege und beim Bürgerfunk. Studium an der RWTH-Aachen und der Stanford-University. Promoviert über Wiederholungen bei Elfriede Jelinek. Derzeit Lecturer im Bereich Europäisch-jüdische Literatur- und Kulturgeschichte in Aachen. Seit kurzem Studium am DLL. Veröffentlichungen u.a.: „Politische Ästhetik in Heinrich von Kleists Die Verlobung in St. Domingo" (Aufsatz) in Euphorion (2012), „Herr Mosins Versprechen" (Prosa), nominiert für den Wiener Werkstattpreis 2012 (Publikumspreis), „die zähmung eines magrittezebras" (Gedicht) in der Anthologie des Meike-Schneider-Literaturpreises (2013).

Das
es ja
ich
Mens
vorw

ist
was
den
chen
erfe.

COLOPHON

Herausgeber:

JOHANNA KLIEM, NORBERT KRÖLL, RICK REUTHER, LENA URES, JOHANNA WIESER

Wien, Österreich

© 2015
Walter de Gruyter GmbH, Berlin/München/Boston
Printed in Austria

GESTALTUNG UND KONZEPT

studio VIE - Anouk Rehorek, Christian Schlager, Marie Artaker, Elsa Marie Bachmeyer

LEKTORAT

Johanna Kliem, Norbert Kröll, Rick Reuther, Lena Ures, Johanna Wieser

PROJEKT-MANAGEMENT

Johanna Wieser

KORREKTORAT

Johanna Wieser, Juli Zucker

UMSCHLAG-BILDER

Mélanie Dautreppe-Liermann - Essay
Johannes Gierlinger - Poetik
Nana Mandl - Lyrik
Nadja Schoch - Drama
Christoph Schörkhuber - Prosa
Katarina Šoškić - Rebus, Fotografie links oben

DRUCK

Grasl FairPrint, Bad Vöslau, Österreich

Gedruckt auf säurefreiem Papier, hergestellt aus chlorfrei gebleichtem Zellstoff. TCF ∞

Bibliografische Information der Deutschen Nationalbibliothek Die Deutsche Nationalbibliothek verzeichnet diese Publikation in der Deutschen Nationalbibliografie; detaillierte bibliografische Daten sind im Internet über http://dnb.de abrufbar.

ISSN 1866-248X
ISBN 978-3-99043-675-2

KONTAKT

schreib@jenny-literatur.at
jenny-literatur.at
facebook.com/jenny.literatur

9 8 7 6 5 4 3 2 1
www.degruyter.com